鄂西生态文化旅游研究中心课题资助出版

U0682881

经济管理学术文库·管理类

地方综合高校应用型经管人才培养体系研究与实践
——以湖北民族大学为例

Research and Practice on the Training System of
Applied Economic Management Talents in Local
Comprehensive Universities
—Illustrated by the Case of Hubei Minzu University

朱廷辉／著

经济管理出版社
ECONOMY & MANAGEMENT PUBLISHING HOUSE

图书在版编目（CIP）数据

地方综合高校应用型经管人才培养体系研究与实践——以湖北民族大学为例/朱廷辉著.
—北京：经济管理出版社，2020.7

ISBN 978-7-5096-7275-4

Ⅰ.①地… Ⅱ.①朱… Ⅲ.①地方高校—经济管理—人才培养—研究—中国 Ⅳ.①F2

中国版本图书馆 CIP 数据核字（2020）第 133644 号

组稿编辑：杨国强
责任编辑：杨国强　张瑞军
责任印制：黄章平
责任校对：张晓燕

出版发行：经济管理出版社
　　　　　（北京市海淀区北蜂窝 8 号中雅大厦 A 座 11 层　100038）
网　　址：www. E-mp. com. cn
电　　话：（010）51915602
印　　刷：北京玺诚印务有限公司
经　　销：新华书店
开　　本：720mm×1000mm/16
印　　张：13.75
字　　数：210 千字
版　　次：2020 年 8 月第 1 版　　2020 年 8 月第 1 次印刷
书　　号：ISBN 978-7-5096-7275-4
定　　价：88.00 元

前　言

　　社会的迅速发展，致使企业管理、经济管理类岗位对经管人才提出了新的需求，职业转型和职业变迁也对经管人才提出了新的要求。这种新的需求和要求的变化，需要地方应用型本科院校培养应用型经管创新人才，其重点是应用能力和实践创新能力的培养，具体可以分为基本素质和通识能力、专业核心能力、专业实践能力、创新创业能力，这也是地方高校应用转型发展的目标之一。而培养学生的应用能力和实践创新能力需要解决两个主要的教学问题：一是构建什么样的应用型创新人才培养体系；二是建立什么样的应用型创新人才培养机制。

　　为此，我们立足地方高校，面向社会需求和职业、岗位的发展，聚焦应用型经管人才培养，开展了长期的探索与实践，形成了一套应用型经管创新人才培养体系和培养机制。本书是对我们多年探索与实践过程和结果的总结，也是我们始终坚持应用型经管创新人才培养之路的展现。

　　本书的内容立足于笔者所在的湖北民族大学经济与管理学院，学院包括会计学、财务管理、市场营销、国际经济与贸易、旅游管理、经济与金融六个专业。由于所处区位不同和高校实际情况的差异，导致本书的某些内容可能不具有普适性。同时，培养体系和培养机制的建立与运行是长期性的，由于社会经济形势、教育理念和政策等的变化，可能导致本书基于当时的背景与要求进行研究和实践的某些内容与现在新的教育形势不太匹配。另外，由于各个经管类专业的定位、目标、要求等存在差异，可能导致本书以某个专业为例而展开研究和实践的某些内容并不适用于所有经管类专业。

虽然本书的内容存在一定的局限性，但笔者的目的是对本校应用型经管创新人才培养体系和培养机制进行系统的总结，同时期望我们在应用型经管创新人才培养上的部分内容和做法，对其他类似地方高校在应用型经管创新人才培养中能有所启发。

目 录

第一章　地方综合高校应用型经管人才实践教学研究设计

近几年来，我国高等教育人才培养模式已逐渐从精英型向大众化教育转变，对于地方综合高校来说，大众化教育在很大程度上就是应用型人才培养模式。以 1998 年《江南论坛》第 2 期发表的《本科应用型应重视创新性培养》为标志，并以 2002 年 11 月在南京召开的 "21 世纪中国高等学校应用型人才培养体系的创新与实践" 课题立项研讨会为起点，我国开始应用型本科教育培养体系的研究。综观现有相关研究，既有宏观层面的论证也有微观层面的讨论，既有整体研究也有针对某一学科、专业人才培养模式的研究。关于为什么要培养本科应用型人才，基本上是从社会发展需求及高等教育大众化两个方面阐述；而对于本科应用型人才的培养规格，大都围绕知识构建、能力培养、素质锻炼三个方面论述；在目前我国本科应用型人才培养中存在问题的分析上，大部分集中于高校定位、课程设置、实践教学、教学方法以及师资结构等；对本科应用型人才培养模式的建议，主要从学校层面、教学过程等角度，提出构建本科应用型人才培养的课程体系、强化实践性教学环节等具体措施。此外，部分学者还就本科应用型人才培养进行了国际比较研究，介绍了发达国家的一些人才培养模式，如英国的 "工读交替" 模式、德国的 "双元制" 模式、美国的 "回归工程" 模式。

应用型人才的培养离不开坚实的实践教学。实践教学体系的设计，是有效开展实践教学的重要先决条件。本书以会计学专业为例，讨论地方综合高校应用型经管人才实践教学研究设计问题。会计作为一门应用性很强的学科，强化会计学专业的实践教学显得尤为重要，其是培养高质量会计应用型人才过程中不可或缺的重要组成部分。地方高校由于其所处地域和办学条件等的限制，会计学专业实践教学的条件和水平相对落后于其他知名高校。根据地方高校的现状，建立起适用的、有特色的会计学专业实践教学体系，是提高会计学专业人才培养质量的重要措施，也是地方高校会计学专业教学改革的重要突破口。然而，会计学专业实践教学体系的构建，不能仅停留在理论层面，而应结合地方高校资源和会计学专业毕业生用人单位，从实践需要的视角来建立实践教学体系。

第一节　地方高校会计学专业实践教学研究的意义

《中华人民共和国高等教育法》第 5 条规定："高等教育的任务是培养具有社会责任感、创新精神和实践能力的高级专门人才，发展科学技术文化，促进社会主义现代化建设"《中共中央、国务院关于深化教育改革全面推进素质教育的决定》（1999）明确指出，素质教育要以培养学生的创新精神和实践能力为重点。《国家中长期教育改革和发展规划纲要（2010~2020 年)》（以下简称《纲要》）指出，高等教育要支持学生参与科学研究，强化实践教学环节。可见，加强实践教学已被我国提到相当的高度。因此，研究地方高校会计学专业实践教学具有十分重要的意义。

第一，体现了《纲要》关于高等教育改革与发展的精神。《纲要》提出的强化实践教学环节、提高学生实践创新能力，离不开实践教学体系的建立与具体实施，其是提高学生实践创新能力的根本措施之一。因此，研究地方高校会计学专业实践教学问题，提升学生的实践创新能力，进而提高地方高校人才培养质量，是对《纲要》精神的贯彻落实。

第二，适应我国高校人才培养模式转变的需要。伴随着社会经济发展及环境的变迁，我国高等教育形势也发生了新的变化。教育部副部长杜玉波在2011年3月28日国务院新闻办公室就"十一五"教育改革发展及"十二五"教育工作的新闻发布会上表示，2010年我国高等教育毛入学率达到26.5%，到2015年我国高等教育毛入学率将达到36%。按照国际通行标准，我国已经基本进入大众化教育阶段。因此，我国高等教育已从精英教育模式向大众化教育模式转型，从规模扩张转向注重人才质量的培养。在应用型人才培养模式下，搞好实践教学提高学生的实践能力，是人才培养质量提高的重要表现。

第三，可以提高地方高校会计学专业人才培养质量。虽然以2006年2月15日《企业会计准则》体系发布为标志，我国会计实现了与国际财务报告准则的实质趋同，但是，我国不同地区会计发展水平仍然是不平衡的，不同规模企业、不同性质企业的会计水平也存在差距。受制于各种因素的影响，不同高校会计学专业人才培养质量也是有差异的，特别是地方高校会计学专业人才培养质量相对落后。地方高校会计学专业人才的培养，应结合地区社会经济发展和地方高校的实际状况进行准确定位，突显会计学专业人才培养的特色。而强化地方高校会计学专业实践教学，是体现其特色和提高其人才培养质量的重要措施。

第四，可以增强地方高校会计学科服务于社会经济发展的能力。地方高校的一项重要功能，就是为地区社会经济发展服务。结合地区社会经济发展水平、会计发展和应用状况，以培养其所需要的会计专门人才，是地方高校服务于当地社会经济发展的重要形式。因此，地方高校会计学专业实践教学的研究可以增强地方高校会计学科服务于社会经济发展的能力。

第二节 地方高校会计学专业实践教学的现状分析

一、理论研究现状分析

在现代社会经济环境下，不但会计人员所面临的工作环境与工作对象越来越复杂化、多样化和动态化，而且社会对会计人员的知识结构、能力素养等要求也越来越高。针对这种现实，我国会计理论界、相关部门与组织都对会计教育改革给予了极大的关注。1996 年，原国家教委高教司便立项"会计学类系列课程及其教学内容改革研究与实践"的研究课题；1999 年，中国会计学会下达了"面向 21 世纪的会计学历教育改革研究"的会计教育课题。面对社会经济环境对会计教育的冲击，孙铮、王志伟（2002）分析了我国加入 WTO 后会计教育面临的机遇与挑战；汤湘希（2002）在《会计教育改革研究》一书中对我国会计学专业人才培养目标、不同层次会计学专业的教学内容与课程体系等进行了深入研究；刘玉廷（2004）指出，高级会计人才应具备五个方面的职业能力。在会计学专业实践教学上，牛丽文（2003）对会计学专业实践教学环节及其组织方式进行了设计；刘秀清（2009）认为，会计实践教学要科学运用现代化的教学手段建立完善的支持系统；江兰天（2009）认为，在应用型人才培养模式下的会计实践教学体系应以校内实验环节为基础，以校外实习环节为补充；陈景和陈苏广（2010）提出了会计实践教学的校外直接途径和校内间接途径。

可见，学者们都十分注重会计学专业学生的职业能力和职业素养，认为应用型会计人才教育模式是我国会计教育模式改革与发展的方向，人才培养应随着社会经济发展而适应性地从注重学生的研究能力转向注重学生的职业能力和实践创新能力，并从内涵与外延上建立起实践教学体系。但是，实践教学体系的内涵与外延怎样，如何实现，至今却还未形成统一模式。

二、实践教学现状分析

总体来看，我国地方高校已经初步具备了开展会计学专业实践教学的基础资源和师资力量，并已通过会计模拟实验、课程实训、校外实习等环节实现。这些环节主要包括两个方面：一是校内实验，即针对会计学专业课程配合开展手工模拟训练和电子模拟实训；二是校外实习，即学年见习或毕业实习。但是，在实际操作中还存在一些问题。

（一）实践教学的目标不明确

多年来，我国高校理论教学占主导地位的教育思想根深蒂固，在会计教育中仍然强调会计知识的理论性、系统性和完整性，形成了"重理论，重实践但缺少实践"的会计教学模式，忽视了实践教学在会计教育中的重要性。目前，各高校所开设的会计实验课程基本上是依据理论课程体系而设置的，设计方案、实验方法相对简单，对学生实验的要求较低，而且实验目标不明确，实验内容或是缺乏系统性，或是缺乏仿真性，学生的实践技能和创新能力并未得到实质性的提高。

（二）没有形成科学完整的实践教学体系

任何教学活动都应有一套完整的体系，会计实践教学亦如此。目前，我国各高校会计学专业师资参差不齐，会计实践教学起步和发展各异，没有形成一套适应各高校自身情况的切实可行的会计实践教学体系，使得一部分高校盲目模仿知名高校的会计实践教学活动，而没有考虑到本校的实际状况和所培养会计人才的实际需要，从而造成了学生会计学专业理论知识与实践工作的脱节，会计实践教学流于形式。

（三）会计实践教学内容单一、范围狭窄

目前，高校会计实践教学主要以模拟实验为主，分为单项实验和综合实

验。无论是单项实验还是综合实验，都主要是在实验室中进行。但是，在会计学专业实验室的建设过程中，由于没有统一的规范和标准，使得实验室建设往往以拥有多少实验设备为标准，而忽视了对会计学专业实验体系的整体设计。同时，会计模拟实验所用的资料多为教师提供，仅局限于企业简单的账务处理，重会计学专业实验的流程而轻其实验的内容，使得学生只能机械地按照会计工作流程完成模拟实训。

（四）会计实验过程呆板

仅限于对会计工作流程的了解与掌握的会计实验，其目标层次较低，实验内容简单落后，再加上整个实验过程处于固定封闭状态，缺少必要的仿真环境和创新环境，难以激发学生的创新精神和提升学生的创新能力。另外，实验中会计工作的条件十分全面和规范，很少需要学生的专业职业判断，同时又缺乏对诸如企业战略目标、企业筹资策略等内容及其与企业财务运作关系的要求，使得学生和实验指导教师都将目标与重点放在了企业的基础财务核算上，忽视了学生职业判断能力的提升。

（五）校外实践效率不高

校外实践是组织学生到企业或实践基地开展实地实习，熟悉会计环境，参与或直接顶岗工作，进而掌握基本的会计技能。但是，由于经费等众多因素的制约，高校往往很难建立起满足需要的实习基地，学生真正能够深入到企业会计部门进行会计顶岗实习的机会并不多。同时，由于会计学专业学生的实习环境大都是企业、公司等生产经营单位，而会计工作岗位的责任重大，造成了学生到会计工作第一线顶岗实习有一定难度，严重制约了学生校外实习的有效实施。另外，由于实践基地的缺乏，不少高校采取学生自己联系实习单位进行实习的方式，这种"放羊式"的分散实习方式使得指导教师无法对其监控和指导，从而达不到实习的预期效果。

第三节 地方高校会计学专业实践教学体系框架

地方高校会计学专业实践教学体系的研究，应在地方高校会计学专业现有实践体系所存在问题和用人单位对会计学专业实践能力要求的基础上，构建出适应地方高校现状、满足用人单位需求的会计学专业实践体系。会计学专业实践体系是由众多要素构成的一个完整系统，包括会计学专业实践教学的目标、内容、教学组织、方法与手段、考核机制等，其既有融于相关课程之中的，也有独成体系的。这些要素的具体内容便构成了地方高校会计学专业实践教学体系的主体内容。

一、会计学专业实践教学目标

会计学专业实践教学体系的构建必须要回答"培养什么人"和"怎样培养人"两个基本问题，并以此确定实践教学体系的组成要素。"培养什么人"涉及会计学专业实践教学的目标定位，这也是构建会计学专业实践教学体系的起点。培养具有较强会计职业能力的应用型人才是社会对会计学专业人才的普遍需求，也是地方高校的共性目标。但是，对于不同层次、不同地域的高校而言，由于其教育资源和社会环境及其所面对的社会需求不同，其目标可能不尽相同。因此，要构建地方高校会计学专业实践教学体系，必须明确地方高校会计学专业实践教学的目标是什么。

二、会计学专业实践教学内容

会计学专业实践教学内容是解决"怎样培养人"的重要方面。传统的会计学专业实践教学内容从属于理论教学和课程教学，其目的是通过实训来验证和深化理论教学，与会计职业岗位实践能力的培养不具有直接的联系。这种重校内实验轻校外实训、重实验流程轻实验内容、重课程内容实验轻职业能力提升的实践教学内容，达不到会计学专业应用型人才培养的要求，不能适应社会经济发展和用人单位的需要。建立起与"高素质应用型会计专门人才"相适应的会计学专业实践教学内容体系，是构建地方高校会计学专业实践教学体系的核心之所在。

三、会计学专业实践的教学组织方式

会计学专业实践教学内容的具体实施，离不开适宜、有序的教学组织。会计学专业实践教学的不同内容有其不同的特点和相应的教学要求，有的需要校内实验，有的需要校外实训；有的需要课堂同步实训，有的需要课外自主实训；有的需要实验室模拟实训，有的需要实际顶岗实践。另外，校内实训场所、校外实训基地的承接条件等也对实践教学的组织起到一定的制约。因此，不可能对所有的会计学专业实践内容采用统一的模式来组织教学活动。为此，需要根据不同的会计学专业实践教学内容采取相应的教学组织方式。

四、会计学专业实践教学的方法与手段

不同的会计学专业实践教学组织方式，需要不同的教学方法与手段保证其得以有效地实施，进而达到提高实践教学效率与效果的目的。为了生动、直观地演示会计实践工作的过程、方法，使学生身临其境地体验会计工作角色，会计学专业实践教学需要较多地采用视频演示、动画演示、小组讨论、情境教学等方法与手段。同时，为了提高会计学专业实践教学的效益与效率，多媒体、网络实训等也是提高会计学专业实践教学质量的重要手段。这些方法与手段如何与不同的会计学专业实践教学组织活动相结合，并保证其得以有效地实施，是地方高校会计学专业实践教学内容体系得以有效实现的重要保障。

五、会计学专业实践教学的考核

会计学专业实践教学的考核主要包括考核标准和考核方式两个方面。考核标准是会计学专业实践教学应达到什么样的标准，它既是会计学专业实践教学的考核依据，也是学生会计学专业实践能力的评价基础。考核方式是根据考核标准如何对实践教学成效和学生会计学专业实践能力具体实施考核的问题。目前，会计学专业实践教学尚未形成一个规范的考核体系，其考核主要是按课程考核的标准和模式进行。考核标准和考核方式的不规范造成了会计学专业实践教学的随意性。因此，建立科学合理的会计学专业实践教学评价体系和规范详尽的评价标准，是会计学专业实践教学体系的重要内容。

第四节　地方高校会计学专业实践教学体系研究设计

地方高校会计学专业实践教学的研究思路与设计，不应只局限于高校内部，仅仅依靠研究者的理论分析与阐述，而应采取从外到内的方式进行，即通过从事会计学专业实践教学教师、已毕业工作的学生、毕业生用人单位三个视角对会计学专业实践能力的审视，借助问卷调查和访谈等研究方法，来研究地方高校会计学专业实践教学改革问题。依此思路，按照提出问题、分析问题和解决问题的逻辑，可从以下三个方面展开研究：

第一，地方高校会计学专业实践教学反思。主要是有针对性地研究其存在的问题，可从会计学专业实践教学教师、已毕业工作的学生、毕业生用人单位特别是西部地区用人单位三个视角来审视。

第二，用人单位对会计学专业实践能力的需求状况。主要应研究用人单位特别是各地方高校毕业生主要的用人单位对会计学专业毕业生实践创新能力的要求，以明确用人单位对会计学专业实践能力的理解与需求，以及对用人单位来说会计学专业实践能力应达到的标准。

第三，地方高校会计学专业实践教学改革。根据用人单位对学生实践创新能力的具体要求，以及地方高校会计学专业实践教学方面存在的问题，为地方高校会计学专业实践教学改革提供思路，进而构建出适应地方高校现状、满足用人单位需求的会计学专业实践体系。

以上三个方面可分两步实施：

第一步，实证研究。实证研究主要是问卷调查与访谈等，以及对相关信息数据的处理。通过问卷调查法来了解地方高校会计学专业毕业生及其用人单位对会计学专业毕业生实践能力的评价，他们对会计学专业实践能力的理解与要求，以及其对提高地方高校会计学专业实践教学质量的建议。但是，问卷调查有其固定性和局限性，因此，对用人单位的了解还需要借助访谈法，通过与用人单位相关人员面对面的交谈来了解和收集相关信息资料。在问卷调查与访谈中需要了解四个方面的内容：一是评价已毕业会计学专业本科生的实践能力状况，其适应和胜任相关岗位的程度；二是了解已毕业会计学专业本科生所具备的实践能力与用人单位对其实践能力要求的差距有多大，具体表现在哪些方面；三是了解用人单位对会计学专业实践能力的理解与要求；四是已毕业会计学专业本科生及其用人单位对地方高校提高会计学专业实践能力的建议。

第二步，理论分析。理论分析主要有两个方面：一是对地方高校会计学专业实践教学存在问题的理论分析；二是根据地方高校会计学专业实践教学存在的问题，结合用人单位对学生实践创新能力的具体要求，构建一套相对完整的会计学专业实践教学体系。

会计学专业实践教学体系的构建不是从无到有的重新建立，而是在现有会计学专业实践教学体系的基础上改革而成，这其中既有考虑到地方高校的实际状况，也考虑到现行会计学专业实践教学体系的现状，以及用人单位对会计学专业实践能力的要求。因此，按此研究框架开展研究所构建出的会计学专业实践教学体系，既能满足地方高校提高会计学专业人才培养质量的需要，又能满足用人单位对会计学专业毕业生实践能力的需求，进而提高地方高校服务地方社会经济发展的能力。具体过程如图1-1所示。

```
                    ┌─────────────┐    ┌─────────────┐    ┌─────────────┐
                    │             │    │  文献梳理    │═══▶│ 理论研究现状  │
                    │  理论研究    │───┤             │    │             │
                    │             │    │国内外高校培养 │═══▶│ 实践运用现状  │
                    │             │    │  模式比较    │    │             │
                    │             │    │毕业生和用人   │═══▶│职业能力的实际 │
                    │             │    │单位调查      │    │需求          │
```

经管类应用型人才的知识、能力、素质结构与内容 ── 培养目标与规格

```
  ┌──────────┐   ┌──────────┐                      ┌──────────────┐
  │          │   │ 培养方式  │          ┌────────┐  │ "233"培养模式 │
  │ 培养模式  │───┤          │          │        │  │              │
  │  构建     │   │理论课程   │─────────▶│ 人才培养│──│限选和任选个性  │
  │          │   │结构体系   │          │ 方案    │  │模块          │
  │          │   │实验实践   │          │        │  │ 三个平台      │
  │          │   │体系       │          └────────┘  │              │
```

经管类应用型人才培养模式探索与实践研究

```
  ┌──────────┐   ┌──────────┐          ┌────────┐  ┌──────┐
  │          │   │实验实践   │          │课程实验 │  │      │
  │          │   │体系实践   │──────────│补充性实验│──│实施  │
  │          │   │          │          │创新性实验│  │机制  │
  │ 培养模式  │   ├──────────┤          ├────────┤  └──────┘
  │  实践     │   │          │          │课程大纲 │
  │          │   │          │          │课程简介 │
  │          │   │课程标准   │──────────│课程考核标准│
  │          │   │建设       │          │课程实施方案│
  │          │   │          │          │……      │
  │          │   ├──────────┤          ┌────────┐  ┌──────┐
  │          │   │          │          │教学方法 │  │实物教学│
  │          │   │教学方法   │──────────│与手段   │──│导师制  │
  │          │   │改革       │          │        │  │教师联课│
  │          │   │          │          │考试改革 │══▶│机考、非标│
```

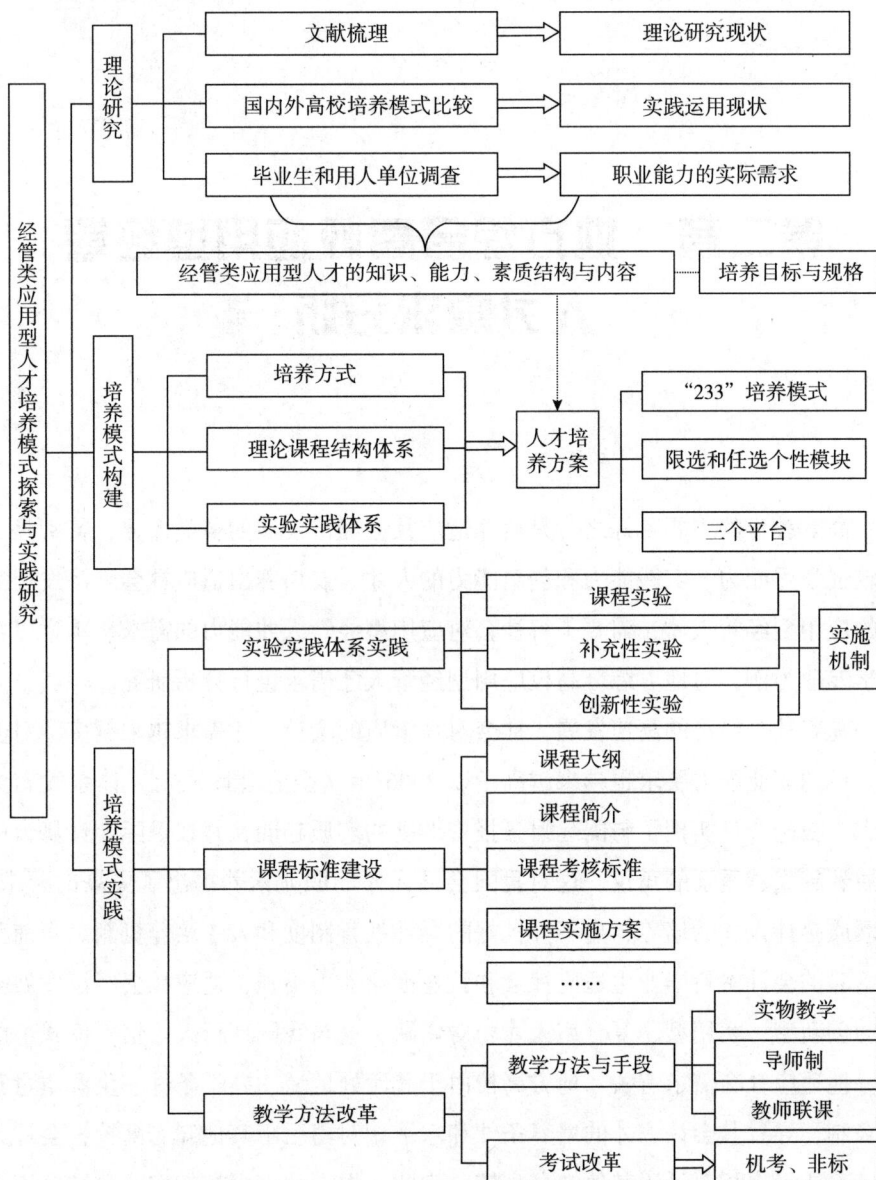

图 1-1　研究对象和内容结构

第二章　地方综合高校应用型经管人才需求分析

　　高等教育的主要目标之一是培养适应社会经济发展的各类人才，特别是具有较强学习能力、实践能力和创新能力的人才。要培养出适应社会经济发展需要的应用型经管人才，需要了解社会对应用型经管人才能力的需求。本章以会计学专业为例，对地方综合高校应用型经管人才需求进行分析研究。

　　随着社会经济的高速发展，社会对高素质的会计人才需求越来越多，对会计人员的职业能力要求也越来越高。以 2006 年《企业会计准则》体系发布为标志，我国会计实现了与国际财务报告准则的实质趋同，并在国际会计舞台中扮演着越来越重要的角色，这对我国会计人才的职业素养提出了更高的要求。高素质会计人才的培养，离不开良好的会计教育制度和人才培养机制。当前我国培养的会计本科毕业生适应社会和就业创业能力不强，适应社会经济发展需要的创新型、实用型、复合型人才相对紧缺，这与我国现行人才培养模式不能很好地适应社会需求有关。地方高校由于其所处地域、办学条件、生源质量等的限制，导致其会计人才的培养条件和水平相对落后于其他知名高校，会计人才培养质量也相对低于其他知名高校。为此，根据地方高校的实际，结合用人单位对会计本科毕业生职业能力的需求，构建适宜的、有特色的会计本科人才培养模式，寻求提高地方高校会计本科人才培养质量的突破口，是地方高校会计本科教育改革与完善的重要内容。

第一节 毕业生用人单位对应用型经管人才需求分析

一、问卷调查设计

(一) 问卷调查对象的选取

问卷调查对象的选取考虑到会计学专业人才培养方案不断修订，会计人才培养模式也处于不断完善之中。因此，在调查问卷的发放对象上，以湖北民族大学近五届会计本科毕业生所在的用人单位为样本，即 2012~2016 年毕业的会计本科学生所在的用人单位。

(二) 调查问卷的设计

调查问卷设计的 14 个问题共涉及三个方面的内容：一是用人单位对会计本科毕业生能力方面的需求状况与能力要求；二是用人单位对会计本科毕业生能力的评价，包括会计本科毕业生能力状况以及与其能力要求的差异；三是用人单位对提高会计本科人才培养质量的建议。

(三) 调查问卷的发放与回收

调查问卷主要以电子文本形式发放，回收调查问卷共 92 份，经过筛选剔除无效的调查问卷 18 份，有效问卷共 74 份。

用人单位的类型与性质不同，其对会计本科毕业生能力方面的要求存在一定的差异。74 家被调查用人单位其类型与性质如表 2-1 所示。由表 2-1 可知，被调查用人单位中企业单位（国有企业、外资企业、民营企业）占 83.78%，非企业单位仅占 16.22%，这与地方高校会计本科毕业生就业单位的整体分布基本上是一致的，亦即相关调查研究对于地方高校会计本科人才培养模式改革有较强的指导性。

表 2-1　被调查用人单位性质情况

单位性质	数量（家）	比例（%）
政府机关	6	8.11
事业单位	2	2.70
国有企业	22	29.73
外资企业	12	16.22
民营企业	28	37.84
其他	4	5.41
合计	74	100.00

二、用人单位对会计本科毕业生的能力要求剖析

用人单位对会计本科毕业生能力需求的具体内容，为提高会计本科人才培养质量指明了方向。

（一）用人单位招聘会计人员时最注重的内容

用人单位招聘会计人员时，不同的岗位可能其注重的内容不同，亦即其条件有所差异。通过我们的调查，用人单位招聘会计人员时最注重的内容如表 2-2 所示。

表 2-2　用人单位招聘会计人员注重的内容

内容	数量（家）	比例（%）
专业知识	34	45.95
专业技能	26	35.14
实践经验	54	72.97
性别	0	0.00

续表

内容	数量（家）	比例（%）
年龄	0	0.00
其他	4	5.41
合计	116	—

注：由于存在选择几项内容的情况，故总数为116而非74。另外，表中的"比例"为"数量"除以总数即72而得，下同。

由表2-2可以看出，用人单位招聘会计人员时最看重的是实践经验即工作经历，其所占比例为72.97%；其次为专业知识，即招聘岗位与应聘者的知识背景是否相符，其所占比例为45.95%；最后是专业技能，即应聘者是否具备相应的专业操作技能，其所占比例为35.14%。对于毕业生来说，会计实践经验往往很缺乏，但可以通过在校学习期间的仿真实验和顶岗实习或见习予以弥补，同时也提高了学生的专业操作技能。

（二）用人单位对会计本科毕业生能力的侧重

用人单位招聘会计人员时如果面对的是应届会计毕业生，则其关于实践经验的要求往往很难满足，但可能会有其他方面的侧重，这种侧重对于会计本科人才培养具有较强的指导作用和参考价值。在我们的调查中，用人单位对会计本科毕业生首先考虑的内容如表2-3所示。

表2-3　用人单位对会计本科毕业生的要求

项目	数量（家）	比例（%）
个人能力	26	35.14
专业对口	20	27.03
岗位需求	28	37.84
个人实践经历	18	24.32
个人发展潜力	16	21.62
综合素质	40	54.05
合计	148	—

表2-3表明，被调查用人单位初次使用会计本科毕业生时考虑个人实践经历的仅占24.32%，不同于招聘一般会计人员时首要考虑的即为工作实践经历。此时，综合素质成为用人单位初次使用毕业生时的首选，其所占比例为54.05%；其次是岗位需求和个人能力，即考察毕业生的个人能力能否胜任所招聘的岗位，其所占比例分别为37.84%和35.14%。因此，我们在会计本科人才培养中，应首先培养学生的综合素质即提高其综合能力，在此基础上再注重其个性培养，加强其专业技能的训练。

（三）用人单位关于会计本科毕业生素质的要求

被调查用人单位使用毕业生时首先考虑的是其综合素质，则其对这些素质的要求相应地成为提高会计人才素质的首要内容，是用人单位在使用毕业生时除了专业技能以外综合素质的表现。用人单位对会计本科毕业生素质的具体要求如表2-4所示。

表2-4　用人单位对会计本科人才素质要求

项目	数量（家）	比例（%）
爱岗敬业	66	89.19
终身学习	56	75.68
团队精神	60	81.08
遵纪守法	48	64.86
道德诚信	60	81.08
其他	8	10.81
合计	298	—

表2-4表明，用人单位对会计本科人才的素质要求首先是爱岗敬业，其所占被调查用人单位的比例为89.19%；其次是团队精神和道德诚信，其所占比例都为81.08%；再次是终身学习能力，其所占比例为75.68%；最后是遵纪守法，其所占比例为64.86%。因此，我们在会计人才培养中应树立学生爱岗敬业的精神，注重学生团队合作意识的锻炼和道德诚信品质的形成。

（四）用人单位对初级会计人才应具备的技能要求

会计本科毕业生进入用人单位后往往是从基层做起，从初级做起，而其能否从初级走向中级乃至高级，顺利进行职务的晋升，则取决于毕业生的个人发展能力。因此，用人单位对初级会计人才应具备技能的要求，是我们培养会计人才必须要考虑的，其调查结果如表 2-5 所示。

表 2-5　用人单位对初级会计人才应具备的技能

技能要求	数量（家）	比例（%）
能进行日常财务会计核算	68	91.89
能正确办理税务事项	50	67.57
能胜任内部审计和社会审计的一般工作	24	32.43
能胜任财务管理的一般工作	40	54.05
能胜任纳税筹划	22	29.73
能掌握办公自动化软件的操作	52	70.27
能掌握会计软件的基本操作	58	78.38
其他	4	5.41
合计	318	—

由表 2-5 可以看出，在初级会计人才应具备的技能方面，用人单位首先要求其必须能进行日常财务会计核算工作，其比例达到被调查用人单位的 91.89%；其次是能掌握会计软件和办公自动化软件的操作，其占被调查用人单位的比例分别为 78.38% 和 70.27%；再次是能正确办理纳税申报等税务事项，其比例为被调查用人单位的 67.57%；最后是能胜任财务管理的一般工作，如财务分析等，其占被调查用人单位的比例为 54.05%。而对于纳税筹划和审计则要求较低，其占被调查用人单位的比例仅分别为 29.73% 和 32.43%。因此，我们在培养会计人才时必须加强学生四个方面的技能：一是单位日常会计业务的处理；二是财务软件的操作；三是办公软件的应用；四是纳税申报等税务事项的办理。

三、用人单位对会计本科毕业生能力的评价

从用人单位的角度对会计本科毕业生的能力进行评价，可以更客观地反映出会计人才培养质量，明确会计本科毕业生的职业能力与用人单位要求之间有无差距，以及差距有多大和主要表现在哪些方面，从而为会计本科人才培养质量的提高指明方向，为人才培养模式改革提供思路。

（一）用人单位对会计本科毕业生专业技能的评价

表 2-6 反映了会计本科毕业生在实践中运用专业知识的能力具体状况如何，居于什么等次，能否适应相应岗位的要求。

表 2-6　用人单位对会计本科毕业生专业技能评价

项目	程度	数量（家）	比例（%）
专业技能符合岗位程度	很符合	16	21.62
	比较符合	40	54.06
	一般	16	21.62
	不符合	2	2.70
	很不符合	0	0.00
	小计	74	100.00
运用专业知识的能力	很强	6	8.11
	比较强	46	62.16
	一般	22	29.73
	比较弱	0	0.00
	很弱	0	0.00
	小计	74	100.00

由表 2-6 可以看出，54.06% 的被调查用人单位认为会计本科毕业生的专业技能比较符合其工作岗位的要求，并且 62.16% 的被调查用人单位认为具有了一定的运用专业知识解决实际问题的能力。

（二）用人单位对会计本科毕业生素质的评价

毕业生的素质状况反映了其综合职业能力的强弱，可以从总体素质、政治思想素质、文化素质、心理素质、实践动手能力、团结协作精神、开拓创新精神等方面予以表现，其调查结果如表 2-7 所示。

表 2-7　用人单位对会计本科毕业生素质评价

项目	满意		基本满意		不满意		合计	
	数量（家）	比例（%）	数量（家）	比例（%）	数量（家）	比例（%）	数量（家）	比例（%）
总体素质	34	45.95	38	51.35	2	2.70	74	100.00
政治思想素质	40	54.05	32	43.24	2	2.70	74	100.00
文化素质	34	45.95	38	51.35	2	2.70	74	100.00
心理素质	24	32.43	46	62.16	4	5.41	74	100.00
实践动手能力	26	35.14	46	62.16	2	2.70	74	100.00
团结协作精神	36	48.65	36	48.65	2	2.70	74	100.00
开拓创新精神	10	13.51	54	72.97	10	13.51	74	100.00
专业知识及技能	24	32.43	46	62.16	4	5.41	74	100.00
奉献精神	32	43.24	36	48.65	6	8.11	74	100.00
实际工作能力	30	40.54	40	54.05	4	5.41	74	100.00
诚信度	46	62.16	26	35.14	2	2.70	74	100.00
科学求实作风	26	35.14	46	62.16	2	2.70	74	100.00
工作适应能力	36	48.65	34	45.95	4	5.41	74	100.00

由表 2-7 可知，在评价等级里，满意比例等于或超过"基本满意"和"不满意"的是毕业生的政治思想素质、团结协作精神、诚信度、工作适应能力，其占被调查用人单位的比例分别为 54.05%、48.65%、62.16% 和 48.65%，说明会计本科毕业生这些方面的素质较高。在用人单位评价为"不满意"的首先是开拓创新精神，其占被调查用人单位的比例为 13.51%；其次为奉献精神，其比例为 8.11%；最后为心理素质、专业知识及技能、实际工

作能力和工作适应能力，其占被调查用人单位的比例均为 5.41%。

(三) 用人单位对会计本科毕业生不足方面的评价

用人单位对会计本科毕业生不足方面的评价，反映了我们在会计本科人才培养时需要重点强化或改进之处。

1. 会计本科毕业生表现最好和最差的方面

会计本科毕业生表现最好的方面反映了其最强的职业能力内容，而表现最差的方面则是人才培养模式改革与完善需要重点考虑的职业能力内容。根据用人单位的评价，会计本科毕业生表现最好和最差的方面统计结果如表 2-8 所示。

表 2-8　会计本科毕业生最好和最差的表现统计

项目	表现最好的方面		表现最差的方面	
	数量（家）	比例（%）	数量（家）	比例（%）
知识结构	32	43.24	10	13.51
研究能力	6	8.11	36	48.65
创新能力	6	8.11	42	56.76
实际操作	24	32.43	28	37.84
敬业精神	46	62.16	0	0.00
团队合作	28	37.84	6	8.11
人际交往	12	16.22	14	18.92
组织协调	6	8.11	22	29.73
外语能力	2	2.70	22	29.73
人文素养	10	13.51	0	0.00
心理素质	8	10.81	14	18.92
发展潜力	16	21.62	4	5.41
解决问题能力	10	13.51	10	13.51
独立工作能力	16	21.62	10	13.51
其他	0	0.00	4	5.41
合计	222	—	222	—

表 2-8 表明，在用人单位看来，会计本科毕业生表现最好的是敬业精神，其比例占到被调查用人单位总数的 62.16%；其次是知识结构，比例为43.24%；再次是团队合作和实际操作能力，其比例分别为 37.84% 和 32.43%；最后是独立工作能力和发展潜力，其比例均为 21.62%。会计本科毕业生表现最差的方面，首先是创新能力和研究能力，其占被调查用人单位的比例分别为56.76% 和 48.65%；其次是实际操作，其比例为 37.84%；再次是组织协调和外语能力，其比例均为 29.73%；最后是人际交往能力和心理素质，占被调查用人单位的比例均为 18.92%。可见，从用人单位所评价的会计本科毕业生表现最好和最差的方面的排序来看，会计本科毕业生敬业精神很强，有较好的知识结构和团队合作能力，但是，创新能力和研究能力很欠缺，实际操作能力有待提高，组织协调能力有待加强。

2. 会计本科毕业生工作中有待改进的方面

会计本科毕业生在工作中有待改进的方面如表 2-9 所示。

表 2-9　会计本科毕业生有待改进方面统计

项目	数量（家）	比例（%）
业务能力	24	32.43
思想品德	0	0.00
创新能力	42	56.76
敬业精神	2	2.70
合作精神	4	5.41
社交能力	22	29.73
综合素质	18	24.32
其他	2	2.70
合计	114	—

由表 2-9 可以看出，会计本科毕业生在工作中有待改进的方面首先是创新能力，其占被调查用人单位的比例为 56.76%；其次是业务能力和社交能力，其比例分别为 32.43% 和 29.73%；最后是综合素质，比例为 24.32%。

四、用人单位对于会计本科人才培养改革与完善的建议

我们从以下三个方面调查了解了用人单位对于提高会计人才培养质量的建议。

（一）用人单位对于会计本科生职业能力提高的建议

用人单位对于会计本科生需要提高的职业能力，其统计结果如表 2-10 所示。

表 2-10　会计本科生需要提高的职业能力统计

内容	数量（家）	比例（%）
加强外语应用能力的培养	28	37.84
加强基础知识的学习	14	18.92
加强专业知识的学习	36	48.65
加强计算机应用能力的训练	40	54.05
加强管理能力的训练	38	51.35
加强人文知识的学习	6	8.11
加强写作能力的训练	20	27.03
加强人生观、职业道德和劳动态度方面的培养	14	18.92
加强个人道德和修养	6	8.11
加强处理人际关系的能力及协作精神的培养	52	70.27
合计	254	—

由表 2-10 可以看出，根据用人单位对于会计本科需要提高的职业能力的统计，我们在会计人才培养模式改革与完善中，首先需要加强处理人际关系的能力及协作精神的培养，其比例占到被调查用人单位的 70.27%；其次是加强计算机应用能力和管理能力的训练，其比例分别为 54.05% 和 51.35%；再次是加强专业知识的学习和外语应用能力的培养，其比例分别为 48.65% 和

37.84%；最后是加强写作能力的训练，其比例为27.03%。另外，加强基础知识的学习和加强人生观、职业道德、劳动态度方面的培养也占到被调查用人单位的一定比例，均为18.92%。

（二）用人单位关于会计本科生知识结构改善的建议

对于会计本科生知识结构改善，用人单位认为应加强专业实践能力的培养，具体结果如表2-11所示。

表2-11　用人单位关于会计本科生知识结构改善意见

项目	数量（家）	比例（%）
加强外语应用能力的培养	26	35.14
加强基础知识的学习	14	18.92
加强专业知识的学习	18	24.32
加强计算机应用能力的培养	32	43.24
加强管理能力的训练	44	59.46
加强人文知识的学习	12	16.22
加强协作能力的训练	26	35.14
加强专业实践能力的培养	52	70.27
合计	224	—

在表2-11中，用人单位认为会计本科生知识结构的改善，首先是要加强专业实践能力的培养，其比例占到被调查用人单位的70.27%；其次是加强管理能力的训练，其比例为59.46%；再次是加强协作能力的训练和外语应用能力的培养，其比例均为35.14%；最后是加强专业知识的学习，其比例为24.32%。因此，地方高校在会计人才培养中，专业实践能力的加强是提高其人才培养质量的首要方面，在此基础上还需要提高包括组织协调、财务管理等在内的管理能力。

（三）用人单位关于会计本科专业实践的建议

会计实践主要涉及两个方面的内容：一是专业实习；二是专业实践课程。

对于专业实习，全部被调查用人单位认为学生到企业实习很重要，而且校内的模拟实习或实训不能替代企业实习。对于专业实践课程，被调查用人单位认为重要的专业实践课程如表2-12所示。

表2-12 重要的专业实践课程统计

专业实践课程	数量（家）	比例（%）
企业会计模拟实训	56	75.68
会计单证填制实训	28	37.84
税务会计实训	56	75.68
会计电算化实训	40	54.05
合计	180	—

表2-12表明，会计本科最重要的专业实践课程是企业会计模拟实训和税务会计实训，其占被调查用人单位的比例均为75.68%；其次是会计电算化实训，其比例为54.05%；最后是会计单证填制实训，其比例为37.84%。

五、对毕业生和用人单位访谈分析

在对用人单位和毕业生的实地访谈中，他们根据湖北民族大学人才培养现状提出了许多建设性的意见，经过整理其主要内容有：

（一）明确人才培养目标

应该明确定位会计学专业的人才培养目标，以目标为导向来合理开设相关课程。培养目标应该是通才基础上的专才，即基础扎实、知识面广的会计学专业人才，如此才能使学生在校期间具备应有的素质、知识和能力，就业中才会有更多的选择和优势，进而能较快地适应社会和工作，并能不断地发展和完善自己。同时，还可以根据实际情况培养多种方向的会计人才，比如CPA方向、CIA方向等，在强化学生的理论基础和实践能力的同时，相关辅助课程可以根据培养方向的不同多样化开设。

（二）合理安排课程和教学内容

课程安排应该主次分明，有所侧重。大学的课程不是开得太少，而是太多。如果提倡宽基础到最后可能就是没有基础。

增强管理类课程。随着社会经济的发展，会计将不再停留在做账的层面，不仅仅是能为各层级领导的决策提供有效的依据，而是要走上管理的道路，会计人员能自己主动参与到企业的管理中。

突出税务会计和成本会计。要突出税务会计和成本会计的实际应用内容，目前这方面的教学过于单一和书本化，与实际相去甚远！另外，要结合各行业的特点，介绍不同行业的会计核算方法。

（三）加强专业实践操作能力

企业最看重的是学生的实际操作能力和变通能力，在提高学生理论知识的基础上，加强实际操作能力。主要从两方面入手：

1. 专业实习

多组织学生参加社会实践，使理论与实践紧密结合，在实践中提升学生对专业知识的理解。加强和用人单位的合作，与有关单位签订实习合作书，建立教学研究实践基地，建立相对固定的专业实习点，使学生在毕业前能真正接触到会计的实际操作。时间上，不应该等到大四，可以提前到大二或大三，定期安排学生进入企业现场案例学习，使学生在大二时就能理解作为一名会计人员应该具备的专业知识和实际能力，并了解企业财务的各个模块。延长毕业实习的时间，最好学院能给学生安排实习岗位。

2. 校内实训

目前，湖北民族大学校内实训主要是会计模拟实验和会计信息系统实训。对于会计模拟实验，应建立具有实际操作性的平台，让学生能实地动手训练，确保学生会填制、粘贴和装订会计凭证等基础工作。时间上，最好每门相关课程都安排两到三次实训操作，如此能在学习相关理论的同时使其得到应用，相互促进，相得益彰。内容上，会计模拟实验的材料不太切合实际，都是书本上的东西而没有实物，真实性不够、仿真性不强。对于会计信息系统，应该成为教学的重点，且应该从大二开始注重。

（四）注重会计基础知识的教育

培养会计师事务所及会计研究方面的人才不应是学校的首要目标，要培养学生的动手能力。学习精又专的会计知识比较适用于考试，如 CPA 考试或研究生考试，但在实际工作中最实用的反而是最基础的会计知识，同时，任何行业的会计基本原理是相通的，因此，会计基础课程相当重要，应该强化学生会计基础知识和提高其会计基本技能。教学中，学生需要在一定平台上结合会计实践来学习其基本原理，故教师应结合相关岗位的实际案例组织教学，确保每位从事会计工作的学生都能编制会计分录和进行简单的账务处理。可以适当地增加会计基础课程的课时，在老师着重、详细讲解下给学生足够的时间去理解与领会。

（五）突出办公软件应用能力

在实际工作中，很多财务工作需要 Excel 与财务软件配合使用，要求其熟悉掌握 Word 和 Excel 等应用，而很多学生这方面的知识与能力还比较欠缺。因此，需要加强计算机在会计中应用的教育。

（六）培养学生的综合能力

会计学专业毕业生应当是一专多能的复合型人才，需要加强学生个人综合素质的培养，而不能只注重专业知识的学习。

提高学生综合分析处理能力。在单位中财务部门是一个信息汇总的部门，企业的各种经营信息最终都以各种数据反映到财务部门，如何及时了解企业的经营状况，为公司领导的经营决策提供及时有效的数据支持是一名财务人员应尽的职责。因此，在学生学习专业知识的同时应加强其沟通与分析能力、综合处理能力的培养，可以设置一些个人无法完成综合性的课题，以提高学习的综合分析处理能力。

提高学生对突发事件的应变及处理能力。训练学生突发事件的应变及处理能力，包括政府行政税务机关的突击检查，及时做好公关，这也是很多单位急需财务人员具备的技能之一。

要培养学生良好的人际关系处理能力、团结协作的奉献精神、忠诚保密的职业操守，提高学生自主创新能力、沟通能力和社交能力。兴趣爱好、特长的培养等也很重要，只有积极参加单位组织的所有活动，才能真正融入单位这个大家庭，有更多机会得到重用进而实现自己的价值。另外，还需要提高学生的财务撰写能力，培养学生终身学习、不怕吃苦、耐得住寂寞和清贫，不怕从基层做起的精神。

（七）注重学生学习能力的培养

要培养学生的学习能力，不能仅追求学习成绩，死读书注定不会有任何收益。那些在校学习只是成绩好而动手能力差的学生，适应工作所需要的时间会更长。要培养学生的学习能力和解决问题的能力，这样学生在步入工作岗位后才能更好地适应不同的工作岗位，全方位认识自己所工作的单位，进而才能够逐步走上管理岗位，而不仅仅是做一名合格的会计人员。另外，每个单位在符合会计准则统一要求的前提下，在细节上会根据单位业务的需要重新设计账套、确定账务处理的方式等，这些需要步入工作岗位后通过培训和自主学习来尽快掌握。

湖北民族大学的会计学专业课程比较全面，但学生个人努力程度不够，整个学院的学习氛围不强，应加强学生理论方面的学习，特别是论文，可在大一或者大二时开始引导学生去做。

（八）提高教学质量和水平

突出案例教学。重视实际案例的学习和引导，上课时多给学生讲解实际的例子，让学生能够理解为什么这样做，多讲解原理是什么，而不是死记硬背。尽量多让学生自己操作，发表自己对实务中某些问题的看法。对于案例，可以从正反两个方面对典型案例进行分析，例如丰田公司的"零库存战略"推动整个成本控制体系优化的案例，又如索尼因推行绩效管理而一蹶不振。可以先对案例进行剖析然后再要求学生们结合自己所学的财务知识、管理学知识、个人常识写心得体会。不需要每一点体会都有"理论支持"，应该彻底抛弃"学究"病，毕竟最终走上财务理论研究之路的学生极少。

改变单一的教学方式。教学的方式可以多样化，让师生共同参与，形成互动，比如可以多采取课堂提问、课堂讨论、当堂授课当堂测验等，能让学生绷紧神经学习，更重要的是能提高学生的综合素质。否则老师一个人讲课既辛苦学习效率也低。

另外，老师上课要有激情和幽默感，要激发学生的学习兴趣，给学生更多的鼓励。教师要多多学习，教学要认真、负责和严谨，要让学生意识到独立思考、批判与怀疑的重要性。

（九）其他

要严肃大学教育，让入学的新生知道，大学比高中更重要，需要更多的努力，而不是把大学作为一个给自己贴标签的游乐场，不能认为自己毕业了就是一个合格的大学生了。由于学生的信息闭塞，学校所在地经济不发达，老师有责任给学生多介绍会计行业前景、就业趋势、会计目前状况、专业学习目标等信息。另外，会计英语方面也要加强，不仅仅是为了单纯的教学而教学。

六、结论与启示

一种人才培养模式的构建和形成并非一朝一夕之事，然而地方高校要提高会计本科人才培养质量，并在全国众多高校之中占有一席之地，不断地探索并建立其有特色的人才培养模式是其必然的选择。以社会需求为导向，以职业能力为内容的应用型人才培养模式应是地方高校会计人才培养的理性选择。然而，如何建立起提升会计人才职业能力的培养机制，则是值得我们深思且亟待解决与完善的现实问题。

对于会计职业能力，其包括的内容众多，这些也构成了地方高校会计本科人才培养质量提高的具体表现。灵活地学习和应用专业知识，并具有较强的专业操作技能是会计学专业人才必须具备的基本能力，是应用型人才的要求之所在，也是会计本科人才培养必须达到的基本要求。语言表达能力、团队合作精神、交际能力和计算机应用能力等是会计学专业技能之外综合能力的具体体现，是会计本科学生在实际工作中其发展潜力的重要基础。这些职业能力，我们可以将其分为三个层次。第一层次为基本职业能力，即大多数专业、大多数职业都应具有的职业能力，包括语言能力（含外语能力、写作能力、口头表达能力等）、团队合作能力、交际沟通能力、学习能力等，这一层次的能力可通过高校设置的通识课程与第二课堂来培养与提高；第二层次为专业基础能力，即会计学专业人才必须具备的基本操作技能，包括计算机应用能力、专业实践能力等，主要通过开设专业基础课程、专业课程及相关专业实践课程予以实现；第三层次为专业深化与拓展能力，即职业发展的潜在能力，包括专业创新能力、实际问题解决能力，主要通过开设相关专业方向课程予以实现，不同地方高校可根据其实际有选择性地开发出其有特色的模块，如中小企业会计模块、政府与非营利组织会计模块、税务会计模块等，这也是体现不同高校会计学专业人才培养特色之处。

第二节　对会计本科毕业生的调查反馈分析

一、研究设计

（一）问卷调查对象的选取

在调查问卷的发放对象上，我们选取的样本为湖北民族大学近五届会计本科毕业生，这是考虑到他们既有找工作的经历，也有实际工作的经验与体会，更重要的是他们由于毕业的时间短而对现行会计本科人才培养过程比较熟悉，能够结合他们实际工作中的体会来审视现行的人才培养模式。另外，湖北民族大学的人才培养方案一直处于不断修订完善之中，较早毕业的学生的人才培养方案与现行的人才培养方案已有较大差别。

（二）调查问卷的设计

调查问卷涉及三个方面的内容共 15 个小问题：一是会计本科毕业生的就业现状；二是会计本科毕业生职业能力的自我评价；三是会计本科毕业生对现行人才培养模式的评价。

（三）调查问卷的发放与回收

调查问卷主要是在所选取调查对象的班级 QQ 群里以电子文本的形式发放，回收调查问卷共 160 份，筛选剔除无效的调查问卷 36 份，有效问卷 124 份。回收的调查问卷中，各年毕业的学生分布情况如表 2-13 所示。

表 2-13　回收调查问卷分布

毕业年份	2012 年	2013 年	2014 年	2015 年	2016 年	合计
回收份数	18	14	54	16	22	124

由表 2-13 可见，2014 届毕业生①回收的调查问卷最多，其他各届则相差不大。理论上，刚毕业三年的学生其意见更具有可参考性，因为三年的工作经历使他们对用人单位或工作岗位关于会计人才能力要求有充分的理解，同时对现时的人才培养模式也有清晰的认识，从而能二者更紧密结合地对现行人才培养质量与模式进行评价。因此，回收的调查问卷在有一定代表性的基础上，突显了调研结论的有用性。

---

① 2014 届毕业生即 2014 年毕业的学生，余同。

二、地方高校会计本科毕业生职业能力考察

对毕业生的职业能力状况，很难采取某种定量的指标予以直接衡量。在调查中，我们主要从其工作迁徙情况、对工作岗位的胜任、能力的自我评价等方面予以衡量。

（一）毕业生就业后的工作迁徙情况

工作迁徙是已毕业学生工作单位的变化，其原因可能是多方面的。我们主要考察毕业的工作迁徙是否因其工作能力不强从而不能胜任相关工作而引致的，因为这反映了学生的职业能力进而反映了人才培养质量问题。被调查毕业生工作迁徙情况如表2-14所示。

表 2-14　被调查毕业生工作迁徙情况统计

<table>
<tr><th rowspan="3" colspan="2">工作迁徙
次数与原因</th><th colspan="2">2012 年</th><th colspan="2">2013 年</th><th colspan="2">2014 年</th><th colspan="2">2015 年</th><th colspan="2">2016 年</th><th colspan="2">合计</th></tr>
<tr><td>人数</td><td>比例
（%）</td><td>人数</td><td>比例
（%）</td><td>人数</td><td>比例
（%）</td><td>人数</td><td>比例
（%）</td><td>人数</td><td>比例
（%）</td><td>人数</td><td>比例
（%）</td></tr>
<tr><td rowspan="5">迁徙次数</td><td>1 次</td><td>4</td><td>22.22</td><td>0</td><td>0.00</td><td>12</td><td>22.22</td><td>4</td><td>25.00</td><td>2</td><td>9.09</td><td>22</td><td>17.74</td></tr>
<tr><td>2 次</td><td>4</td><td>22.22</td><td>6</td><td>42.86</td><td>12</td><td>22.22</td><td>2</td><td>12.50</td><td>6</td><td>27.27</td><td>30</td><td>24.19</td></tr>
<tr><td>3 次</td><td>2</td><td>11.11</td><td>2</td><td>14.29</td><td>2</td><td>3.70</td><td>2</td><td>12.50</td><td>10</td><td>45.45</td><td>18</td><td>14.52</td></tr>
<tr><td>4 次</td><td>0</td><td>0.00</td><td>0</td><td>0.00</td><td>2</td><td>3.70</td><td>0</td><td>0.00</td><td>0</td><td>0.00</td><td>2</td><td>1.61</td></tr>
<tr><td>合计</td><td>10</td><td>55.56</td><td>8</td><td>57.14</td><td>28</td><td>51.85</td><td>8</td><td>50.00</td><td>18</td><td>81.82</td><td>72</td><td>58.06</td></tr>
<tr><td rowspan="6">迁徙原因</td><td>薪酬水平</td><td>2</td><td>11.11</td><td>0</td><td>0.00</td><td>12</td><td>22.22</td><td>4</td><td>25.00</td><td>2</td><td>9.09</td><td>20</td><td>16.13</td></tr>
<tr><td>工作胜任</td><td>0</td><td>0.00</td><td>0</td><td>0.00</td><td>0</td><td>0.00</td><td>0</td><td>0.00</td><td>0</td><td>0.00</td><td>0</td><td>0.00</td></tr>
<tr><td>人际关系</td><td>0</td><td>0.00</td><td>0</td><td>0.00</td><td>0</td><td>0.00</td><td>0</td><td>0.00</td><td>0</td><td>0.00</td><td>0</td><td>0.00</td></tr>
<tr><td>工作环境</td><td>2</td><td>11.11</td><td>0</td><td>0.00</td><td>2</td><td>3.70</td><td>0</td><td>0.00</td><td>0</td><td>0.00</td><td>4</td><td>3.23</td></tr>
<tr><td>其他</td><td>6</td><td>33.33</td><td>8</td><td>57.14</td><td>14</td><td>25.93</td><td>4</td><td>25.00</td><td>16</td><td>72.73</td><td>48</td><td>38.71</td></tr>
<tr><td>合计</td><td>10</td><td>55.56</td><td>8</td><td>57.14</td><td>28</td><td>51.85</td><td>8</td><td>50.00</td><td>18</td><td>81.82</td><td>72</td><td>58.06</td></tr>
</table>

由表2-14可见，被调查毕业生中有58.06%的有过工作迁徙，其中工作迁

徙两次的最多比例为 24.19%，有 17.74% 的毕业生发生过一次工作迁徙，14.52% 的毕业生发生过三次工作迁徙。除 2016 年毕业的学生有 81.82% 发生过工作迁徙外，其他各年毕业的学生发生过工作迁徙的均在 50% 左右。因此，湖北民族大学会计本科毕业生工作迁徙还是比较普遍的。从工作迁徙的原因看，有 16.13% 的毕业生是因为薪酬水平不理想而进行工作迁徙，38.71% 的毕业生则是其他原因，即家庭、结婚、职业规划和晋升空间等。因此，虽然毕业生的工作迁徙比较普遍，但其工作迁徙并不是其职业能力不能胜任单位工作所致。

（二）毕业生对其工作岗位的胜任能力状况

毕业生适应其工作岗位的相关要求往往需要一个过程，这个过程的长短即胜任其相关工作需要的时间，可以在一定程度上表明毕业生职业能力的高低。胜任工作岗位的时间可以从两个方面予以表现：一是步入工作岗位之初基本胜任工作需要的时间；二是毕业生解决其专业能力与其相关工作岗位能力要求之间差距需要的时间。前者可以说明毕业的基本职业能力，后者反映毕业生的职业潜能及其发展能力，两者的时间越短，说明毕业生的职业能力越强。但从回收的调查表的统计发现，被调查毕业生对这两个方面的理解并不清晰，大部分被调查毕业生对这两类问题均做出了相同的答案。因此，我们以步入工作岗位之初基本胜任工作需要的时间来反映其工作岗位的胜任能力，具体统计结果如表 2-15 所示。

表 2-15　被调查毕业生工作岗位胜任能力统计

胜任工作时间	2012 年		2013 年		2014 年		2015 年		2016 年		合计	
	人数	比例（%）	人数	比例（%）	人数	比例（%）	人数	比例（%）	人数	比例（%）	人数	比例（%）
3 个月以下	12	66.67	8	57.14	34	62.96	10	62.50	12	54.55	76	61.29
3~6 个月	6	33.33	4	28.57	14	25.93	6	37.50	6	27.27	36	29.03
6 个月~1 年	0	0.00	0	0.00	4	7.41	0	0.00	2	9.09	6	4.84
1 年以上	0	0.00	2	14.29	2	3.70	0	0.00	2	9.09	6	4.84
合计	18	100.00	14	100.00	54	100.00	16	100.00	22	100.00	124	100.00

由表2-15可以看出，在被调查的会计本科毕业生中，有61.29%的毕业生自其步入工作岗位之始3个月以内就能基本胜任相应的工作岗位，29.03%的毕业生基本胜任相应的工作岗位的时间在3~6个月，即被调查毕业生中有90.32%的毕业生能在6个月内基本胜任其工作岗位。基本胜任相应工作岗位的时间超过6个月的只有9.68%，其中超过1年的仅有4.84%。因此，湖北民族大学会计本科毕业生的基本职业能力较强，大部分能较快地胜任其工作岗位的要求。但是，这里的胜任是基本胜任，并不代表其胜任能力强，职业发展潜能大。

（三）毕业生职业能力的自我评价

毕业生职业能力的强弱，除了通过在用人单位的工作表现衡量外，还可以依赖于已毕业学生在其工作一段时间后，结合工作体会对自我职业能力的评价。我们要求毕业生从综合素质、知识结构、专业知识、外语水平、计算机水平、学习能力、创新能力、实践能力等方面对自己毕业之时的职业能力进行自我评价，评价结果如表2-16所示。

表2-16　被调查毕业生职业能力自我评价

能力项目	很差		较差		一般		较好		很好		合计	
	人数	比例（%）	人数	比例（%）	人数	比例（%）	人数	比例（%）	人数	比例（%）	人数	比例（%）
综合素质	0	0.00	4	3.23	62	50.00	48	38.71	10	8.06	124	100.00
知识结构	0	0.00	4	3.23	78	62.90	40	32.26	2	1.61	124	100.00
专业知识	0	0.00	6	4.84	66	53.23	48	38.71	4	3.23	124	100.00
外语水平	4	3.23	32	25.81	72	58.06	14	11.29	2	1.61	124	100.00
计算机水平	0	0.00	8	6.45	84	67.74	32	25.81	0	0.00	124	100.00
学习能力	0	0.00	2	1.61	38	30.65	68	54.84	16	12.90	124	100.00
创新能力	0	0.00	22	17.74	80	64.52	16	12.90	6	4.84	124	100.00
实践能力	2	1.61	12	9.68	54	43.55	46	37.10	10	8.06	124	100.00
合计	6	0.60	90	9.07	534	53.83	312	31.45	50	5.04	992	100.00

由表2-16可知，被调查毕业生在职业能力自我评价时，总体上看，有53.83%的毕业生认为自己的职业能力一般，只有31.45%的毕业生认为自己的职业能力较好，认为自己的职业能力较差的占9.07%，5.04%的被调查毕业生则认为自己的职业能力很好。在各单项能力上，认为较差的主要是外语水平和创新能力，其占被调查毕业生的比例分别为25.81%和17.74%，其次是实践能力和计算机水平，其比例分别为9.68%和6.45%；自我评价为较好的主要是学习能力，其占被调查毕业生的比例为54.84%，有12.90%的被调查毕业生认为自己的学习能力很强；专业知识、综合素质和知识结构则居于中等偏上水平，被调查毕业生大部分自我评价为一般至较好等级。从分析可以看出，湖北民族大学会计本科毕业生职业能力总体上一般，学生具备了一定的综合素质，有较强的学习能力，专业知识掌握程度较好，知识结构较合理。但是，学生的实践、创新能力不强，计算机应用能力有待加强。

三、会计本科毕业生对现行人才培养模式的评价

已毕业学生结合他们的工作经历与体会对现行会计本科人才培养质量与模式的评价，是衡量湖北民族大学会计本科人才培养质量高低与培养模式好坏的重要视角。我们主要从以下六个方面来调查了解毕业生对人才培养模式的看法与评价。

（一）毕业生对会计学专业就业前景的评价

反映一个专业生命力强弱的重要指标是该专业毕业生的就业形势，专业的就业前景同时也可以为其发展指明方向，比如是研究型发展方向还是社会需求型发展方向。我们通过对毕业生的问卷调查所反映出的会计学专业就业前景如表2-17所示。

表2-17　被调查毕业生对会计学专业就业前景评价

等级	很好	较好	一般	不好	合计
人数	4	74	42	4	124
比例（%）	3.23	59.68	33.87	3.23	100.00

由表 2-17 可以看出，59.68%的被调查毕业生认为会计学专业就业前景较好，33.87%的被调查毕业生认为会计学专业就业前景一般，只有3.23%的被调查毕业生认为会计学专业就业前景不好。因此，会计学专业较好的就业前景，要求地方高校在人才培养中必须坚持以社会需求为导向，以实践创新能力的提高为重点，采取应用型的人才培养模式。

（二）毕业生对现行人才培养质量的评价

会计学专业的就业前景总体上虽然较好，但如果人才培养质量不高，也很难在好的就业前景之中有立足之地。表 2-18 反映了被调查毕业生对会计本科人才培养质量的总体评价。

表 2-18　被调查毕业生对人才培养质量评价

等级	很高	较高	一般	较低	很低	合计
人数	0	58	66	0	0	124
比例（%）	0.00	46.77	53.23	0.00	0.00	100.00

从表 2-18 可以看出，53.23%的被调查毕业生认为会计本科人才培养质量一般，46.77%的被调查毕业生认为人才培养质量较高。可见，本科人才培养质量有待进一步提高。

（三）毕业生对其大学期间所学习知识适用性的评价

人才培养质量可以从多个方面予以评价，而且不同的工作岗位对人才质量的要求有所差异，因此，不可能采用一个统一的模式衡量人才培养质量。这里我们通过毕业生大学四年所学知识与其工作需求的关系来考察，如表 2-19 所示。

表 2-19　被调查毕业生大学学习适用性统计

项目	等级	人数	比例（%）
大学学习对工作的帮助	很多	72	58.06
	很少	46	37.10
	基本不能	6	4.84
	不知道	0	0.00
	小计	124	100.00
专业知识在工作中的应用	较高	8	6.45
	一般	12	9.68
	较低	86	69.35
	很低	18	14.52
	小计	124	100.00
专业知识能否满足工作需要	能	24	19.35
	基本能	60	48.39
	不能	38	30.65
	完全不能	2	1.61
	小计	124	100.00

由表 2-19 可见，在被调查的毕业生中，58.06%的毕业生认为大学期间学习对其工作有很多帮助，而 37.10%的毕业生认为大学期间学习对其工作的帮助很少。不同岗位对毕业生职业能力的具体内容有不同的要求，大学期间需要培养的不仅仅是学生从事某一行业或某一岗位的职业能力，而应该是在其综合职业能力的基础上侧重于专业职业能力，而在调查中发现，认为大学期间学习对其工作的帮助很少的毕业生占到较大比重（37.10%），这种状况说明湖北民族大学会计本科人才培养中在学生综合职业能力的培养上有所欠缺。专业知识在工作中的应用方面，69.35%的被调查毕业生认为其大学期间所学的会计本科知识在工作中只得到较低的应用，更有 14.52%的毕业生认为得到了很低的应用。会计本科知识在工作中的应用程度较低，说明湖北民族大学在人才培养过程中对会计本科知识的教学没有紧密的联系实际，从而导致了教学与实践较大的脱节进而使学生所学的会计本科知识在其实际工作中没有得到应有的应

用。大学四年期间所学会计本科知识在满足毕业生实际工作需要方面，总体上毕业生的专业知识基本能满足其工作的需要，但仍有相当比例（30.65%）的毕业生认为难以满足其工作的需要，其主要原因可能是学生在大学期间所学会计本科知识与实际工作的需要差距较大。通过以上三个方面的分析可以得出初步结论，即湖北民族大学会计本科人才培养中对学生的综合职业能力重视不够，而在专业能力方面与社会的实际需要有较大差异，最直接的表现是其专业知识与实践的脱节，学生的专业实践能力不强。

（四）毕业生对现行课程结构体系的评价

人才培养质量的提高是在一定的培养机制下，通过实施一定的综合培养体系来实现的。在这个体系中，课程体系结构是其重要的构成内容。湖北民族大学现行课程体系由四部分构成：通识必修课、通识选修课、专业基础课和专业课、专业方向课。对于现有的课程体系结构，被调查毕业生认为基本合理，其具体情况如表2-20所示。

表2-20　被调查毕业生课程体系结构评价统计

评价内容	2012年		2013年		2014年		2015年		2016年		合计	
	人数	比例（%）	人数	比例（%）	人数	比例（%）	人数	比例（%）	人数	比例（%）	人数	比例（%）
非常合理	0	0.00	0	0.00	2	3.70	0	0.00	0	0.00	2	1.61
基本合理	16	88.89	14	100.00	46	85.19	16	100.00	18	81.82	110	88.71
不合理	2	11.11	0	0.00	6	11.11	0	0.00	4	18.18	12	9.68
非常不合理	0	0.00	0	0.00	0	0.00	0	0.00	0	0.00	0	0.00
合计	18	100.00	14	100.00	54	100.00	16	100.00	22	100.00	124	100.00

（五）毕业生对会计本科实训模式的评价

会计本科有组织的专业实训一般包括校内实验和校外实训，但以校内实验为主，即针对会计本科课程如《会计学原理》和《财务会计》等配合开展手工模拟训练和电子模拟实训，帮助学生熟悉与运用会计本科理论知识，对会计实践形成初步的感性认识。手工模拟训练和电子模拟实训的效果如何，是否达到预期目的，在很大程度上影响到学生专业实践能力的提高。被调查毕业生对湖北民族大学会计本科实训的评价情况如表 2-21 所示。

表 2-21　被调查毕业生对会计本科实训评价统计

项目	很满意		较满意		一般		不满意		合计	
	人数	比例（%）	人数	比例（%）	人数	比例（%）	人数	比例（%）	人数	比例（%）
手工操作实验	16	12.90	44	35.48	38	30.65	26	20.97	124	100.00
会计计算机实验	4	3.23	42	33.87	42	33.87	36	29.03	124	100.00

由表 2-21 可以看出，被调查毕业生对湖北民族大学会计本科实训的满意度比较低。对于手工操作实验，有 30.65% 的被调查毕业生评价为一般，20.97% 的被调查毕业生则不满意；对于会计计算机实验，有 33.87% 的被调查毕业生评价为一般，29.03% 的被调查毕业生则不满意。两者比较看，被调查毕业生对湖北民族大学会计计算机实验的不满意度要高于手工操作实验。这说明湖北民族大学会计本科实训特别是会计计算机实验效果不好，从而致使毕业生的专业实践能力较弱。其主要原因之一，是现行会计计算机实验软件大多为教学版而非商用版，其实验基础环境和实例数据也与企业的实际情况存在一定的差异。因此，需要加强专业实训的内容体系、组织管理、指导与考核等方面的建设，以此提高其专业实践能力。

(六) 毕业生对会计本科实习模式的评价

专业实习是学生到企业或实践基地进行实地实习，熟悉会计环境，参与或直接顶岗工作，并对实习单位一定时期内生产经营过程中的经济业务进行会计处理，掌握基本的会计技能的一种实践活动，其是提高学生专业实践能力的重要途径。由于多种因素的制约,湖北民族大学的会计本科实习基本上采取的是学生自己联系实习单位的"分散式"实习,这种实习方式有利于学生对实习地域、实习方式、实习内容等的选择,并能与学生的就业紧密联系,有很大的灵活性。但是,被调查毕业生对此却反映不一,如表2-22所示。

表2-22　被调查毕业生对专业实习评价统计

满意度	2012年		2013年		2014年		2015年		2016年		合计	
	人数	比例(%)	人数	比例(%)	人数	比例(%)	人数	比例(%)	人数	比例(%)	人数	比例(%)
很满意	0	0.00	0	0.00	2	3.70	0	0.00	0	0.00	2	1.61
较满意	6	33.33	6	42.86	14	25.93	0	0.00	8	36.36	34	27.42
一般	4	22.22	4	28.57	22	40.74	8	50.00	4	18.18	42	33.87
不满意	8	44.45	4	28.57	8	14.81	6	37.50	10	45.45	36	29.04
非常不满意	0	0.00	0	0.00	8	14.81	2	12.50	0	0.00	10	8.06
合计	18	100.00	14	100.00	54	100.00	16	100.00	22	100.00	124	100.00

　　由表2-22可见,对于湖北民族大学会计本科实习的现状,被调查毕业生中有33.87%的毕业生认为一般,较满意的仅占27.42%,而有29.04%的不满意,非常不满意的有8.06%。因此,从总体上看,被调查毕业生对会计本科实习的满意度一般,但有不满意之趋向。从各年分布来看,被调查毕业生中近三年毕业的学生评价为不满意的比例有上升趋势,从2014年的14.81%上升到2016年的45.45%。这种评价反映了学生对建立专业实习基地进行集中实习的愿望。因此,在会计本科实习的未来改革中,需要将分散自主实习与集中统一实习相结合、毕业实习与学年见习相结合。

第三节　基于会计学专业的地方综合高校应用型经管人才培养比较

一、其他高校会计学专业人才培养目标的定位

(一) 国外发达国家高校会计学专业的培养目标

国外发达国家高校的人才培养目标一般都是由各大学自己确定，以体现各自的特色，会计学专业也是如此，其中最有代表性的是美国会计教育。自 20世纪 80 年代以来，随着美国经济的飞速发展，其会计职业与过去相比也发生了很大的变化，美国相关高校、美国会计学会（American Accounting Association，AAA）和美国注册会计师协会（American Institute of Certified Public Accountants，AICPA）等机构与组织便开始了关于美国会计教育的探讨。目前，美国高校会计学专业本科生的培养目标一般是以"适应社会需要，毕业后能够顺利就业"为基础，强调着重培养"善于学习、应变和应用"的人才，施教方式比较注重能力，关注对综合能力的培养，特别是发现和归纳问题、分析问题和最终找到解决问题的能力。日本高等教育的总体培养目标是培养"面向国际的世界通用性人才"，其管理类学科（包括会计）本科教育的培养目标是"让学生掌握终生受益的原理性知识和处理问题的能力"。加拿大多伦多大学将会计本科的培养目标定位于"为将来可能接受的职业训练、工作或深造打下一个宽广的人文基础"，学生主要通过对有关经济理论课程、应用类课程和管理类课程的学习，为应聘于各类组织和下一步深造打好基础。澳大利亚大学的会计本科教育对培养学生在社会政治、经济环境和组织系统中的职业系统的职业角色有着非常明确的目标，即要使学生了解其未来职业生涯中所应承担

的责任和具有的权利，例如强调如何培养学生的以下能力：继续学习、增长知识的能力及严谨的分析能力和创造力；愿意开始并参与变革；清晰地交流与流畅地写作；拥有团队合作的能力；拥有解决问题与做出决策的能力；自信并能够清楚地陈述自己的意见等。

（二）国内高校会计学专业培养目标的现状

我们调查了30所国内高校会计本科教育人才培养方案，虽然其对人才培养目标的具体表述或定位各有不同，但不同学校以及同类型学校都突出了"高级专门人才"。以清华大学和北京大学为代表的综合研究型大学一般将会计学专业人才培养目标定位于"致力于培养应用型、通用型、外向型的高级会计与财务管理人才，亦以培养一流的师资与研究人才为己任"。以上海财经大学和中南财经政法大学为代表的重点财经院校将会计学专业人才培养目标定位为"培养德、智、体、美全面发展，适应21世纪社会发展和社会主义市场经济建设需要，基础扎实、知识面宽、业务能力强、综合素质高、富有创新意识和开拓精神，具备会计、审计及管理、经济、法律等方面的知识和能力，具有独立履行注册会计师执业职责和承担大型项目审计工作能力，能在会计师事务所（会计公司）、政府审计部门及企、事业单位从事审计和相关业务及教学、科研工作的高级专门人才"。其他院校有的将会计学专业人才培养目标定位为"培养能在企事业单位、会计师事务所、经济管理部门、学校、科研机构从事会计学的实际工作和本专业教学、研究工作的德才兼备的高级专门人才"，也有的定位为"培养德、智、体全面发展，从事会计教学、科研和管理工作并能承担会计师职务的专门人才"。可以看出，国内大多数高校都强调会计学专业人才培养的弹性，即所培养的会计本科学生可以从事两方面工作：一是理论研究（从事教学、科研工作）；二是会计实务。这导致了会计本科教育的培养目标不明确，特色不突出，本科教育与研究生（硕士、博士）教育的人才培养目标界限不清。

(三) 国内外高校会计学专业人才培养目标的启示

国内外高校会计学专业人才培养目标的定位可以给我们如下启示：

第一，会计本科教育更注重学生综合能力。西方发达国家在本科人才培养目标上更加注重对学生能力、个性和素养的培养，强调职业道德和人格教育，以及密切就业以满足社会的需要，并使其能够胜任工作或提高就职时的竞争力。研究生（硕士、博士）层次上，其人才培养目标虽也注重与实务紧密相连的各种能力和素质的培养，但更加强调学术性和研究性。借鉴西方国家会计人才教育的经验，我们在定位会计学专业人才培养目标时要更加注重学生综合能力的培养，以满足社会需要为中心。

第二，明确会计本科人才培养目标的选择。会计学专业人才培养目标需要明确两个问题：一是本科会计毕业生到底是从事会计实务工作还是从事会计研究或教育工作；二是会计本科是否能够培养出"高级"会计人才。将会计本科教育的培养目标确定为"高级专门人才"，不仅在会计教学中缺乏可操作性，而且也使得研究生阶段的会计人才培养目标缺乏空间。要在会计本科教育中培养出面面俱到，能适应任何部门、担任任何部门会计工作的会计人才未免过于天真，而要让本科生去从事科学研究工作，则其教学工作中需要一个较长的适应和改造过程才能达到，要培养既能适应会计实务工作，又能从事会计研究和教学工作的会计人才是不现实的。因此，对于一般高校来说，培养从事会计实务工作的应用型人才是会计本科人才培养目标的现实选择。

二、其他高校会计学专业课程的设置

(一) 国外发达国家高校会计学专业课程的设置

美国本科会计教育，既注重基本知识的教育，又注重通过这些知识的教学来提升学生的能力。尽管各个大学设计的会计学专业课程不尽相同，但大体都包括 AICPA 在其示范性课程表里所要求的三种知识，即一般知识、通用商科知识和会计知识。为了达到技能教育的要求，会计教材的编写与以前相比发生了很大的变化。最为突出的是，许多新教材所附的练习题不再像以往那样，答案并不是唯一的，而变得非常多样化，借此全面培养学生分析、表达、交际、合作等多方面的能力。虽然美国的大学会计教育强调了其培养目标是完成注册会计师应有的职业素质培养，但会计教学与执业资格考试却相对独立。会计教育改革委员会（Accounting Education Change Commission，AECC）发布第 5 号公报明确反对将会计教学与执业资格考试直接挂钩。该报告认为，在美国有些州中，学生未毕业就可以参加会计师考试。这样一来，学生接受会计教育的目的就变成了是考执业资格而已，很可能导致学生不专心学习其他课程。因此，第 5 号公报建议，专业执业资格考试必须具备学士学位才能参加考试。虽然 AECC 的建议不具有强制力，但他们仍然希望在美国有提供准备会计师考试或会计学专业考试方面课程的学校，不要将这些课程的学分计入毕业学分之中。将准备会计执业资格考试与学校会计教育分开，二者不能相对独立。

英国在大学本科会计教育中，每当出现会计领域的新技术、新理论，教师都会及时将其纳入授课内容之中，避免学生在学校学到的理论知识和社会需要脱节。同时，成为英国特许会计师（The Association of Chartered Certified Accountants，ACCA）成员是进入大公司和知名会计师事务所的通行证，因此，英国会计本科教育通常与 ACCA 紧密相连，会计学专业的课程设置和教学内容与 ACCA 考试挂钩，并随着 ACCA 考试科目与内容的调整而做相应调整。另外，英国会计学专业课程还特别注重对于会计基本知识的教学，如经济、统计和法律等，大部分课程都很注意培养学员的实际工作能力，并尽早让他们熟练掌握会计软件、电子表格和其他电脑使用技能，也就是既要求理论学习，也要求实践经验的积累。

加拿大的会计本科教学的重心已由技术操作转向基础教育。基础知识课程大幅增加，甚至不惜以牺牲技术性会计课程为代价，扩充学生在人文科学和自然科学方面的选修课，加强了学生在自然科学和研究人们在社会、组织和经济环境中的行为的人文科学知识。同时强调经济知识中的非会计要素，高级金融学、证券投资组合与投资管理、金融组织与市场、风险管理、管理政策与战略以及高级经济学等课程已经作为会计学专业选修课开设。此外，一些新的会计课程，例如《行为会计学》《当代会计研究》《会计史》和《国际会计》等，也已经作为基础会计教育的重要组成部分被列入会计教学的计划之中。这种课程设置变动的目的在于通过建立一个坚实的多学科知识基础来扩展学生的视野。

澳大利亚的会计本科教育具有其明显的特征。以科廷科技大学为例，教学内容与技术资格考试挂钩，科廷大学在教学内容上还有一个重大的特征就是，某些重要的会计学专业课程（比如会计、财务管理、审计等）的授课内容与会计资格考试的要求相挂钩，有很多课程得到了澳大利亚会计职业组织甚至是英国会计职业组织的认可。可以说，科廷科技大学在会计教学内容上的这种安排，不仅使学生可以学到未来职业中最有用的知识，而且节省了学生们考取相关会计资格的时间。

（二）国内高校会计学专业课程的设置

通过比较我国 30 所高校会计学专业本科人才培养方案可以发现，我国多数高校会计本科专业课程的设置从内容上看均包括四个部分：一是公共基础课，诸如政治、英语、高等数学、计算机基础等；二是专业基础课，包括经济、管理、法律等相关课程；三是专业核心课（必修），主要有《成本会计》《中级财务会计》《财务管理》《审计》等课程；四是专业选修课，主要有《西方会计（英文原版）》《会计理论》《会计伦理学》《内部控制》《项目评估》《国际比较会计》《专业毕业论文》《专题讲座》《会计制度设计专题》《计算机会计实务》《电子商务》《政府与非盈利组织会计》《税务会计》等课程。

但是，不同高校也存在一定的差异。在公共基础课部分，清华大学和北京大学等研究型大学重点突出了英语、数学、计算机等基础工具课，主要表现为增加这些课程的学时和学分，其他的高校除了有的增设了《基础社会科学》《基础物质科学》和《基础生物科学》等课程外，基本上都是按照教育部规定的公共基础课来设置的；在专业基础课方面，基本上 30 所高校中所有高校都开设了《管理学》《微观经济学》《会计学基础》《统计学》《经济法》《税法》《市场营销》等课程，22 所高校开设了《宏观经济学》，5 所高校开设了《计量经济学》，2 所高校开设了《管理经济学》，仅有上海财经大学一所高校开设了《政治经济学》；在专业核心课程上，所有学校都开设了《中级财务会计（一）》《中级财务会计（二）》《财务管理》《成本会计》《管理会计》《高级财务会计》《审计学》《会计电算化》课程，只是有的高校将《管理会计》分为《管理会计（一）》和《管理会计（二）》两门课程，有的高校将《高级财务会计》也拆分为两门课程，还有高校将《成本会计》和《管理会计》合成《成本管理会计》开设，另外也有高校在以上专业核心课程中选择几门课程采用双语教学；在专业选修课上，各个高校的课程设置则差异很大，但几乎所有高校专业选修课的设置都是加深专业的深度，如财经类院校中的代表上海财经大学开设了《会计理论》《审计理论》《财务报告分析》《风险投资管理》《管理咨询》《外汇业务会计》《股份公司会计》《证券公司会计》《国际会计》等课程，综合类院校中的代表北京大学开设了《财务报表分析》《财务会计理论与政策》《财务案例分析》《项目评估》《内部控制与内部审计》《国际会计》《金融企业会计》等课程，一般院校如集美大学开设了《税务会计与纳税筹划》《会计信息系统》《政府及非盈利组织会计》《国际财务管理（中、英）》《会计理论》《财务报表分析》《金融企业会计》《会计制度设计》《小企业会计》等课程。

（三）我国高校会计学专业课程设置存在的问题

综观我国高校会计学专业课程的设置，其存在如下问题：

第一，会计课程内容重复，缺乏合理性。现行会计课程体系主要包括专业基础课和专业主干课，而且大部分都是与会计相关的课程，这些课程之间交叉重复内容较多，如基础会计学与财务会计学在会计要素、会计核算及报表编制方面重复；管理会计与财务管理在预测、投资决策、财务预算等方面重复，这既影响了学生学习的兴趣，也削弱了学生自学的能力，同时，也影响了某些课程如成本会计课程的自然体系和独立课程体系的形成。

第二，专业课程比重畸高，其他相关学科比较欠缺。尤其是对提高学生人文素质方面（培养学生的自我学习发展能力）的课程重视程度明显不够。所谓"重技术教育"的做法只能造成会计人员知识面狭窄、适应性差，不仅难以妥善处理会计工作中的人际关系，而且不会合理运用其他学科中的概念和研究对象及研究方法去开辟新的会计领域。

第三，专业课程中较高层次课程薄弱。在专业课程中，相对比较容易的行业会计课程比重偏高，而较高层次的财务管理、管理会计课程却比较薄弱。这在客观上造成了大多数学生对行业会计把握得较好，对财务管理、管理会计课程只了解皮毛。这就使得多数会计本科毕业生仍是一个初级的账房先生，而不是一个高级管理人才。

第四，必修课课程和选修课课程搭配不合理。必修课课程和选修课课程之间的搭配不合理，特别是必修课课时过多，使学生完全处于被动状态，剥夺了他们选择适合个人发展的知识结构和自学的权利，对于发挥学生的能动性、创造性形成了人为的障碍。

第五，缺乏职业道德教育内容。道德教育是全面素质教育中十分重要的内容。作为在经济领域处于特殊岗位的会计人员，会计职业道德教育是保证会计信息质量的重要约束因素。因而，会计职业道德教育是会计学专业素质教育的一个极为重要的内容。但是，在当前我国本科会计教育中，只有少数高校设置了会计职业道德的相关课程。

第四节　结论与启示

一、明确地方高校会计本科的应用型人才培养目标

人才培养目标在人才培养体系中处于中心地位，对于人才培养质量的方向

具有十分重要的指导作用。国外发达国家高校的人才培养目标一般都是由各大学自主确定，以体现各自的特色，会计本科亦是如此。国内高校对会计本科人才培养目标的具体表述或定位各有不同，但不同学校以及同类型学校都突出了"高级专门人才"。以清华大学和北京大学为代表的综合研究型大学一般将会计本科人才培养目标定位于"致力于培养应用型、通用型、外向型的高级会计与财务管理人才，亦以培养一流的师资与研究人才为己任"。以上海财经大学和中南财经政法大学为代表的重点财经院校将会计本科人才培养目标定位于"能在会计师事务所（会计公司）、政府审计部门及企、事业单位从事审计和相关业务及教学、科研工作的高级专门人才"。其他院校有的将会计本科人才培养目标定位于"培养能在企事业单位、会计师事务所、经济管理部门、学校、科研机构从事会计学的实际工作和本专业教学、研究工作的德才兼备的高级专门人才"，也有的定位为"从事会计教学、科研和管理工作并能承担会计师职务的专门人才"。可以看出，国内大多数高校都强调会计本科人才培养的弹性，即所培养的会计本科学生可以从事理论研究和会计实务两方面的工作，这导致了会计本科教育的培养目标不明确，特色不突出，本科教育与研究生教育的人才培养目标界限不清。

国内外高校会计本科人才培养目标的定位可以给我们两个方面的启示：第一，会计本科教育更注重学生综合能力。西方发达国家在本科人才培养目标上更加注重对学生能力、个性和素养的培养，强调职业道德和人格教育，以及密切就业以满足社会的需要，并使其能够胜任工作或提高就职时的竞争力。第二，不同层次高校有不同的会计本科人才培养目标。会计本科人才培养目标需要明确两个问题：一是本科会计毕业生到底是从事会计实务工作还是从事会计研究或教育工作；二是会计本科是否能够培养出"高级"会计人才。将会计本科教育的培养目标全部确定为"高级专门人才"，不仅在会计教学中缺乏可操作性，而且也使得研究生阶段的会计人才培养目标缺乏空间。因此，限于教育资源的限制，对于地方高校来说，培养从事会计实务工作的应用型人才应该是会计本科人才培养目标的现实选择。

二、厘清应用型会计人才职业能力的内容

人才培养质量的高低主要是通过所培养人才的各项能力的强弱予以体现，而应用型人才的培养过程即学生各项职业能力的形成与提高过程。不同专业、不同领域对其相关能力的要求有所不同，因此，衡量人才培养质量高低的能力指标也是有差异的。对于会计本科人才来说，明确其最重要的职业能力有助于我们人才培养方案的拟定和人才培养模式的选择，有助于我们确定人才培养的重点和方向，进而提高人才培养质量。与此同时，会计人才职业能力的内容在很大程度上决定了课程结构体系的设置、教学内容与方法手段的选取、实践教学环节的组织与实施等一系列人才培养内容。

可以将应用型会计人才的职业能力分为三个层次：第一层次为基本职业能力，即大多数专业、大多数职业都应具有的职业能力，包括语言能力（含外语能力、写作能力、口头表达能力等）、团队合作能力、交际沟通能力、学习能力等，这一层次的能力可通过高校设置的通识课程与第二课堂来培养；第二层次为专业基础能力，即会计本科人才必须具备的基本操作技能，包括计算机应用能力、专业实践能力等，主要通过开设专业基础课程、专业课程及相关专业实践课程予以实现；第三层次为专业深化与拓展能力，即职业发展的潜在能力，包括专业创新能力、实际问题解决能力，主要通过开设相关专业方向课程予以实现，不同地方高校可根据其实际有选择性地开发出有特色的模块，如中小企业会计模块、政府与非营利组织会计模块、税务会计模块等，这也是体现不同高校会计本科人才培养特色之处。

三、强化地方高校会计本科学生的专业技能

专业技能是应用型会计人才培养的根本之所在。会计实践教学体系的建立，对于提高学生的会计本科技能至关重要。而要建立起真正的会计实践教学体系，则是一项庞大的系统工程，涉及会计实践教学的内容、组织、实验硬软

支撑、实施方式与手段、师资等。诚如问卷调查的结果，目前湖北民族大学会计实践教学体系较薄弱，实践教学效果较差。因此，需要在人才培养中首先构建起会计实践教学的大体框架，然后通过多种途径与方法保证其得以实施，并采取强有力的措施提高会计实践教学的效果，如加大实验室的开放度，课内实验与课外实验结合，课程实验、自主实验与创新实验相并行，加强会计本科实验的指导，等等。会计实践教学环节最重要的是专业实习和校内实训两项。

在企业已基本普及使用财务软件的情况下，应将会计信息系统实验作为教学的重点，使学生能较熟练地掌握和使用会计电算化相关软件。由于不同的单位所使用的会计电算化软件不一样，其涉及的会计电算化软件种类很多，要求学生在校学习期间掌握所有会计电算化软件的使用也是不现实的，但结合用人单位的实际情况来熟悉和了解必要的会计电算化软件则是必要的。在被调查的毕业生中，其工作单位所使用的会计电算化软件主要是用友和金碟 ERP 或其财务模块。因此，可采取在会计信息系统实验教学中以某一种财务软件为主，同时要求学生对于相同的实验材料还需在课外采用其他一种或几种主要的财务软件进行操作。

一种人才培养模式的构建和形成并非一朝一夕之事，然而地方高校要提高会计本科人才培养质量，并在全国众多高校之中占有一席之地，不断地探索并建立起有特色的人才培养模式是其必然的选择。以社会需求为导向，以职业能力为内容的应用型人才培养模式应是地方高校会计人才培养的理性选择。然而，如何建立起提升会计人才职业能力的培养机制，则是值得我们深思且亟待解决与完善的现实问题。

第三章 地方综合高校应用转型发展下的专业集群建设

转型发展是产业转型升级、经济建设发展对高等教育结构战略调整的明确要求，是地方高校实现错位发展的重要契机，是提高大学生就业能力的重要途径，也是地方高校要正确面对并深入思考转型发展的问题。《国家中长期教育改革和发展规划纲要（2010~2020年)》明确提出"适应国家和区域经济社会发展需要，建立动态调整机制，不断优化高等教育结构。优化学科专业、类型、层次结构，促进多学科交叉和融合。重点扩大应用型、复合型、技能型人才培养规模"。教育部等四部门也印发了《关于地方本科高校转型发展的指导意见》。

第一节 专业集群建设背景分析

一、地方高校应用转型发展分析

国际经济形势的变化和实体经济的回归对经济发展、人才培养提出了新的挑战。2008年金融危机以来，世界经济和产业格局的重心重新回归实体经济，并且主题是"低碳经济"和"绿色增长"。我国曾为"制造大国"，然而随着我国土地成本、人力成本的上升，成本优势逐渐丧失，低端制造业市场正加快向成本更低的越南、印度尼西亚、泰国等东南亚国家转移。因此，加强高层次技术技能人才培养，实现从"人口红利"到"人才红利"的转化，是我国在国际制造业竞争中获胜的关键。

然而，地方高校在人才培养上不同程度地存在脱节问题：一是大学生在校期间所学的知识与用人单位的岗位职业技能要求相脱节，致使毕业生实践动手能力低、就业竞争力低；二是地方高校专业设置与地方产业需求相脱节，导致地方高校产业融合度低、生存与发展能力低；三是用人单位的实际人才需求与地方高校毕业人才的有效供给相脱节，导致地方高校真实就业率低、就业质量低；四是地方高校长期习惯于封闭办学、自成一体，与地方经济社会发展实际相脱节，导致其服务地方能力低、社会贡献度低，最终体现为地方高校办学质量低、群众满意度低。因此，要瞄准区域经济社会发展的需求，从人才培养目标、培养模式、生源来源、培养方案、师资队伍、人才评价等方面进行全方位的人才培养体制改革。学校办学要与地方经济发展对接；专业设置与地方主导产业对接；人才培养目标与行业需求对接；人才培养规格与工作岗位要求对接；企业参与制定人才培养方案，强化技术理论、注重技术应用、突出实践教学；人才培养过程体现校企合作、工学交替；科学研究是以解决生产实际问题的应用技术研究为主。

地方高校转型发展是瞄准区域经济社会发展的需求，从人才培养目标、培养模式、生源来源、培养方案、师资队伍、人才评价等方面进行全方位的人才培养体制改革。涉及的内容至少包括类型定位、办学理念、办学思路、发展路径、治理结构、制度体系、学科专业、培养目标、教师队伍、培养模式、教学模式、考核评价、管理服务、要素整合、合作开放和校园文化等要素，每个要素都须顺应转型发展的要求进行有针对性的调整和改革。地方高校转型的重点包括办学理念从"学科本位"向"就业本位"转型；人才培养定位从"学术人才"向"应用技术人才"转型；教师队伍从单纯的"学术资格"标准向"实践能力+学术能力"标准转型；教学理念从学科知识本位、以理论知识灌输为主，向职业技能本位、以职业技能培养为主转型；培养目标从文凭导向的"学术型人才"向就业导向的"应用技能型人才"转型，培养模式从产教分离、高校独立培养向产教融合、校企合作培养转型；管理体制从传统计划经济模式向中国特色现代大学制度转型；运行机制从高度集权、管办评一体化向"依法办学、自主管理、民主监督、社会参与"转型。

二、行业背景分析

湖北民族大学地处湖北省恩施州，其转型发展必然要结合恩施州行业、产业发展的实际。工商管理类专业集群是学校根据湖北省经济发展的战略重点、主导产业和战略新兴产业的发展态势，以及恩施州实施的"三州"战略等，结合学校实际情况确定的专业集群之一，包含四个本科专业：旅游管理、财务管理、会计学、市场营销。学校工商管理类专业集群对应旅游产业链。旅游产业链是以旅游产品为纽带实现链接的。从整个旅游过程来看，提供旅游产品的不同行业组成了一个链状结构，不仅包括旅行社、交通部门、餐饮、酒店、景区景点、旅游商店、旅游车船以及休闲娱乐设施等旅游核心企业，还关联到农业、园林、建筑、金融、保险、通信、广告媒体以及政府和协会组织等辅助产业和部门。

经国务院批复国家发展和改革委员会发布的《促进中部地区崛起规划》指出，支持重点旅游景区发展，建立和完善区域旅游合作机制。《中共中央、国务院关于促进中部地区崛起的若干意见》（2012 年）也进一步提出要大力发展商贸服务、休闲娱乐、旅游等生活性服务业。《中共湖北省委湖北省人民政府关于建设鄂西生态文化旅游圈的决定》（2008 年 11 月 18 日）要求建立以旅游业为引擎的产业联动发展机制，要建立人才保障机制。通过政府推动、市场配置等手段，为鄂西生态文化旅游圈的发展提供多元化、多途径的人才支持服务。围绕圈内生态文化旅游产业发展，推动高校与地方共建合作，培养急需紧缺人才。推动高校、科研院所与圈内各市县建立资源共享、合作研发、联合培养人才的机制，促进产学研一体化。

《武陵山片区区域发展与扶贫攻坚规划（2011~2020 年）》将旅游业作为重要的发展产业，以中心城市为依托，构建五大特色旅游组团。以交通通道为纽带，以世界自然遗产旅游区和国家历史文化名城、国家级自然保护区等重点旅游景区为依托，着力打造十二条精品旅游线路。《湖北武陵山少数民族经济社会发展试验区发展规划》（2013 年）指出，重点发展以生态文化旅游为主的服务业，使旅游业成为试验区转变经济发展方式，推动科学发展的引擎产业和战略性支柱产业；支持大专院校采取定向委培等多种形式，为试验区培育人才；鼓励科研院所、大型企业、大专院校对试验区进行科技扶持，联合建立研究中心、中试基地、科技产业园，提高试验区的科技创新能力。

近几年，恩施州提出"三州"战略，即"生态立州、产业兴州、开放活州"战略，为大力实施"三州"战略、推进绿色繁荣，恩施州委、州政府2013 年印发了《恩施州委、恩施州人民政府关于推进产业链建设，加快产业兴州步伐的意见》，重点推进现代烟草、茶叶、畜牧、清洁能源、生态文化旅游、信息六大产业链建设，逐步建立产业链条长、配套全、层次高、效益好的特色产业体系，打造全域性、全产业、全要素、全价值、全时段的旅游产业链；鼓励企业引进专业技术人才，加强职工技能教育和培训，提高员工综合素质和技能水平，充分利用州内职业教育资源，培养一批懂技术的高技能人才。

随着这些战略和相关政策的实施，必将也正在推动恩施州、武陵山区社会经济发展，特别是推动了旅游产业链的迅速发展，既包括旅游产业本身，也包括旅游过程中相关行业的产品销售和金融、保险、文化、艺术、医疗、保健、交通、通信、娱乐休闲、商务会展等服务活动，必然需要大量与之对应的旅游管理、财务管理、会计学、市场营销等相关专业的应用型技术人才。

三、人才需求分析

《湖北省中长期人才发展规划纲要（2010~2020 年）》企业经营管理人才发展目标是总量快速增长、素质明显提高、结构趋于合理，现代化经营管理水平基本符合各类企业发展需要，到 2020 年达到 127 万人，具有大学本科及以上学历的人才占 70%；精通财务会计、资本运作、国际惯例和行业规则的经营管理人才满足市场需求。到 2020 年专业技术人才达到 400 万人，占从业人员的 10% 以上，高级、中级、初级专业技术人才比例为 1∶4∶5。

《恩施州中长期人才发展规划纲要（2011～2020 年)》指出，到 2020 年，规模以上企业经营管理人才达到 1.4 万人，年均增长 9.8%；专业技术人才达到 6.8 万人，年均增长 2.8%，初级、中级、高级专业技术人才比例调整到 6∶3∶1；技能人才达到 20 万人，年均增长 7.2%，初级、中级、高级技能人才比例调整到 8∶9∶3；培养文化旅游业高层管理人才 1000 名，培养文化旅游业高素质、高技能应用型人才 5000 名以上。《宜昌市中长期人才发展规划纲要（2010～2020 年)》指出，到 2020 年，企业经营管理人才队伍达到 15.2 万人，实行契约化管理；各类旅游人才达 3.3 万人；专业技术人才队伍达到 26.6 万人，占从业人员的 10% 以上，高级、中级、初级专业技术人才比例为 1∶4∶5。

由此可见，恩施州、武陵山区旅游产业链的发展，对企业经营管理和专业技术人才提出了大量的有效需要，而这些人才需要，与工商管理类专业集群人才培养是一致的，进而为工商管理类专业集群转型发展提供了良好的社会需要支撑。

第二节　专业集群建设思路与目标

一、建设思路

基于武陵山区和恩施州经济社会发展的需求，遵循高等教育发展规模，以培养适应旅游产业链需要的具有实践能力和创新精神的高层次应用技术人才为目标，以工商管理类学生职业发展为核心，从人才培养目标、培养模式、培养方案、师资队伍、人才评价等方面进行全方位的人才培养体制改革，实现办学理念从"学科本位"向"就业本位"转型、人才培养定位从"学术人才"向"应用技术人才"转型、教师队伍从单纯的"学术资格"标准向"实践能力+学术能力"标准转型、教学理念从学科知识本位和理论知识灌输为主向职业技能本位和职业技能培养为主转型、培养目标从文凭导向的"学术型人才"向就业导向的"应用技能型人才"转型、培养模式从产教分离和高校独立培养向产教融合和校企合作培养转型、运行机制从高度集权和管办评一体化向"依法办学、自主管理、民主监督、社会参与"转型，培养具有良好职业素养、创新精神与实践能力并重的高素质应用技术型管理人才。

二、建设目标

（一）总体目标

以社会需求为导向，以专业内涵发展为主线，以校企联合为基础，形成政、产、学、研、用的协同创新人才培养体系；形成校企双方互相支持、互相渗透、双向介入、优势互补、资源互用、利益共享的可持续发展的人才培养模式；充分利用企业处于经济建设与生产服务第一线的优势，确定人才培养目标与规格、优化教学计划、更新教学内容、改革教学方法、改善办学条件、提高教学质量，将工商管理类专业集群建设成深度契合社会需求，社会认可度高的应用技术型工商管理类本科专业集群，成为武陵山区引领、湖北省内示范的人才培养基地、服务社会阵地和文化传承领地。

（二）具体目标

1. 服务面向定位

应用技术型工商管理类专业集群的服务面向定位：立足恩施、面向武陵山区、服务于区域经济发展，大力推进工商管理类专业集群与旅游核心企业及其关联的金融、保险以及政府和协会组织等辅助产业和部门协同的应用技术研究与创新，为区域经济社会发展、旅游产业链转型升级和公共服务发展需要培养高层次应用型人才。

具体来说，专业集群服务面向定位为：旅行社、餐饮、酒店、景区景点、旅游商店、旅游车船以及休闲娱乐设施等旅游核心企业，旅游产品开发和销售企业，金融、保险、政府等辅助产业和部门。

2. 专业建设目标

围绕人才培养模式改革的核心开展本科专业建设，把创新创业教育贯穿于人才培养全过程，立足行业和地区，以市场需求和就业为导向深化教学改革，以能力为本位，以质量求生存，专业点面平衡、协调发展，重点突破形成特色，校企合作共同推进工商管理类专业集群建设，实现专业发展与人才培养符合社会需要，教学资源与培养要求相适应，特色专业优势明显，重点专业水平较高，专业内涵建设深化的建设目标。

3. 人才培养质量目标

通过以能力培养为核心的、与地方经济互动、结构优化、特色鲜明的应用技术型本科人才培养体系，培养以思想政治素质、文化技能素质和身体心理素质为"一体"，以实践能力、创新精神为"两翼"，以将理论转换为技术、将技术转换为生产力和产品为"核心"，适应恩施州、武陵山地区对经济社会发展需要的高层次应用技术型人才。

4. 双师型队伍建设目标

改革教师聘任制度和评价办法，逐步使大多数教师既具有较高的理论水平又具有较强的实践能力，使"双师型"教师占专任教师的比例逐步达到70%以上。将引进优秀企业技术人员和管理人员担任专兼职教师作为校企合作的重要内容，并有计划地选送教师到企业接受培训、挂职工作和实践锻炼。

5. 质量保障体系目标

围绕人才培养质量目标，以就业为导向，以技术应用型本科教学质量体系纲要及程序文件为主线，以教学质量保障和监控环节为主要内容，全方位有步骤地对工商管理类专业集群的教学管理、教学过程的各个方面和环节实行监控。

第一，质量标准体系建设。质量标准的指标体系由三部分构成：一是目标标准，即人才培养目标定位，人才培养模式、方案及发展方向的确定；二是过程标准，即教学大纲的制定和实施、课堂教学、实践教学等各个环节、教学体系和内容改革、教学方式与手段的选择、考核方式与阅卷等；三是条件标准，包括教学管理队伍的配备、师资的配备、实践场所及实验设备的配备、教材的选用和参考资料的供给、教学管理制度的制定、互联网的通畅和学习研究环境的营造等。

第二，质量评价体系建设。建立校企共同参与，单向评价与综合评价相结合、课程考试评价与实训实习评价相结合、知识结构评价与实践能力评价相结合的全方位、开放式人才培养质量考核与评价体系。通过校企合作制定人才培养质量标准和评价系统，积极引入行业协会、企业在人才培养质量评价体系的作用，校企合作共同制定人才培养标准和评价方法，在培养过程中共同对学生的能力进行全方位评价。

第三，培养过程监控体系建设。

一是教学检查制度。包括定期教学检查制度和经常性教学检查制度。每学期开学前一周，进行以教学设备、师生到课率为重点的开学教学准备情况检查，期中进行以教学进度、教学内容和效果为重点的期中教学检查，期末进行以考试环节为主，考风、考纪为重点的期末考核检查；经常性教学检查贯穿于教学的全过程，包括教师的到课率、授课进度的执行情况和学生上课的出勤率及课堂的纪律，毕业论文、各类实验实训和实践的进行及其完成质量情况等。

二是质量分级管理和听课评课制度。教学质量管理实行校、院、专业建设组三级管理，即以学校为主导，以二级学院为主体，以专业建设组为基础。二级学院班子成员、教学基层组织负责人每人每学期至少听课8学时。

三是教学督导制度。教学督导员经常检查教学秩序，通过随堂听课、座谈、走访等形式对教学课程教学质量进行评估，掌握有效的教学信息，及时发现问题。

四是教学信息员制度。教学信息员是教学监控体系建设的重要力量，集"信息员""宣传员""联络员"与"监督员"于一体。通过教学信息员，了解学生对学校有关规章制度执行情况、任课教师教学方面、学校教学基本设施方面以及学生家长对学校办学的意见和建议等方面的情况，反映教学和教学管理中的问题与亮点，积极与教学督导员沟通联系及时反馈教学信息。

五是学生评教制度。每学期末，要求学生在网上进行评教，对所有任课老师的教学态度、教学内容、教学方法和教学效果等情况打分。同时，通过召开学生座谈会，征求学生对任课教师的意见和建议，作为教师改进教学的参考，也作为评价和考核老师教学效果的依据。

六是毕业生跟踪调查制度。以多方共同评价为主导，以提高学生专业技能的掌握和实践应用能力为目的，以激励学生将专业学习与职业兴趣有机结合为手段，在学生毕业后开展毕业生就业跟踪调查工作，汇总用人单位反馈信息，及时调整专业设置、培养目标、教学计划、课程设置、教学内容和方法等。

七是学生实习管理制度。推行学生实习制度，明确实习单位、校内指导老师管理制度，制定管理工作规范，健全学生实习管理机制，完善实习组织管理制度、运行管理制度、考核鉴定制度。加强对学习学生管理，注重对学生职业道德和职业素质的培养，实施全程跟踪监控。同实习单位、实习基地对学生进行考核评价，重点对学生实习实训的工作态度、工作纪律、知识和技能提升、学习创新能力、沟通协调能力、动手实践能力等方面进行考评。

第三节　专业集群建设举措

一、人才培养模式改革与创新

结合武陵山片区区域发展战略以及恩施州"三州"战略对人才多样化的需要，组建校企政联合治理的工商管理类专业集群指导委员会，在委员会的指导下制定多样化的应用技术型人才培养方案。在专业集群对接产业、专业对接行业、课程（模块）对应能力、培养联通就业的原则指导下，实行校企无缝对接，形成专业群与产业链整体衔接、分段对位的工商管理类专业集群专业人才培养模式。

（一）创新人才培养理念

依循"校政行企"协同培养人才和服务地方经济面向的人才培养理念，促进工商管理类专业集群的特色凝练与内涵发展。"校政行企所"协同培养人才，即以行业为依托，加强学院、政府、行业协会、企业等多方共建，坚持专业发展与旅游产业链发展紧密相连，师资建设和学生培养与政府管理部门、企事业单位等紧密合作，坚持理论教学与实践教学紧密结合、相互促进的特色办学模式；服务武陵山区地方经济面向，即专业建设定位于能够为地方、行业提供人才和智力支持，贴近地方和行业发展的需要，明确为地方经济发展提供合格人才的培养任务，及时对地方现在及未来人才市场的需求不断跟踪调查分析，对社会资源、社区资源与学院资源形成清晰的认识和准确把握，充分考虑学生的整体、个体差异，因人而异，因材施教，突出自我进步，把目光瞄准旅游产业链职业特色，为武陵山区地方经济建设的发展提供有力的人才支持。

（二）强化实践能力和创新能力

不断提升学生的综合能力，以适应创新型社会发展需要为导向，通过树立创新理念，强化创新意识，培养学生创新思维方式，激发学生的创新能力；通过举办创业教育讲座、设计创业规划书、举办创业设计大赛等活动培养学生的创业意识和能力；通过鼓励学生参与"第二课堂"活动，参与暑期"三下乡活动"，参与各级各类学科竞赛等活动，强化学生的实践能力；通过聘请企事业单位的专家和技术能手来校讲学，对操作性强的课程采取深入企事业单位一线实地教学等方式，提升学生的职业能力。

（三）实施多维度、全方位人才培养过程

在遵循人才培养过程客观规律的基础上，在课程体系、能力训练、实习实

训等各个环节实现多维度的人才培养。通过通识课程、基础课程的开设，奠定专业集群学生坚实的学习基础；通过核心课程群的模块化，培养学生的自律能力、自立能力、专业能力、应用能力及协调管理能力等；通过实习实训、企业调研、市场调查、课程实践等综合训练，将学生具备的理论知识转化为个人的技术能力，提高学生的专业技能素质、人格素质等；通过学科竞赛、科研活动、创业活动等创新平台，促进知识、能力、素质的三维融合，提高学生的综合素养。

二、课程体系改革与教材建设

根据武陵山地区经济建设、社会发展的需要，依靠专业集群教学指导委员会的指导，制定专业人才培养方案，对课程体系实施深度改革，实行课程体系与人才培养目标相适应、课程与能力相联系、教学内容与职业岗位相对接。

构建通识教育类、专业基础教育类、专业核心理论类、职业能力培训类、创业能力五大模块的课程体系。适度压缩通识教育类和专业教育类基础课程的学时学分。以工商管理类专业集群为平台，实施校企联合，积极拓展理论教学和实训实践紧密结合的人才培养途径。按专业方向和行业岗位要求开展校企分工培养，明确制定实践教学的环节、内容、目标和质量标准。实践教学环节由与课程教学相结合的认知性试验、与课程结合的设计性实验、与岗位需求相结合的技能型实习实训、与素质提升相结合的创新创业实训、与专业方向相结合的综合性毕业设计5个板块构成，构建"教、学、做、创"能力循环提升的实践教学过程体系，使校企合作贯穿人才培养全过程。

建立和完善专业教育与职业资格认证的联通机制，大幅增加课程实践学分，积极推行校内教师与企业聘用专家相结合的"双导师"教学模式，与合作单位共同编写专业课程教材、实验教材和实验指导书。

三、教学方法与手段改革

推行"案例教学""问题教学""启发式""讨论式""研究式""任务驱

动式"等多种教学方法的运用，实现理论教学、现场教学和实验实训教学的有机结合；积极推行基于实际应用的案例教学、项目教学和虚拟现实技术应用，专业课程运用真实任务、真实案例教学率要达到100%，主干专业课程用人单位的参与率达到100%；以实习实训基地为平台，加强校企合作建设，不断拓宽合作的领域，校企合作共同开发高质量、有特色的实习实训系列教材，解决实习实训教材的有无和不适用问题，全面提升实习实训教学和改革的质量。

（一）　实践模拟教学法

所谓实践模拟教学法是指人为创造一种现实的经济环境，激发学生的主动性，培养学生的实际动手能力，运用所学习的财务管理理论和方法做出财务预测和决策。在进行实践模拟教学时，教师可以将一个教学班级模拟为一个上市公司或企业集团，根据公司的组织结构把学生分组设为董事会、股东大会、监事会、财务处、供应处、销售处、生产处等，要求学生模拟完成以下任务：让学生根据模拟的市场环境和公司的总目标，以本年度的目标利润为基础，编制全面预算，根据一定时期的资金需要量，采用各种筹资方式筹集资金。选取综合资本成本最低，企业价值最大的方案进行最佳资本结构决策。

（二）　利用案例教学方法来提高学生的学习兴趣

通过为学生提供一系列不同类型、场景的实际企业案例，学生在案例分析中模拟经营，熟悉不同的企业经营环境，提高分析问题、解决问题的决策能力。案例教学法改变了传统教学模式中教师讲学生听的填鸭式教学方式，把抽象的原理、概念等具体化，通过科学合理地组织案例讨论、互动式教学，充分调动学生的积极性，培养学生的自信心和各种综合能力。

（三）　利用"第三方评价的分组讨论方式"来培养学生的综合能力

事先指定一组或两组学生在案例讨论过程中要承担对其他讨论组的案例分析结论进行评价。这种方式有助于培养学生团队合作精神；引入学生身份的评判组，容易与其他同学交流和理解；引入学生评价后更能促进参与讨论的学生冷静、积极地听取他人的观点，而不只是极端地维护自己的观点，有助于培养学生积极听取不同观点的思维方式；同时能在一定程度上克服和避免教师的权威性对学生思维的限制情况。

（四）校企共建的校内实训教学法

学生在第 6 学期完成专业课学习和专项技能训练后，到各类企业进行专业见习，邀请企业财务人员走进校园进行技术讲座，了解企业需求点，设计知识点实训项目；在第 7 学期课程学习完成后，设计针对本专业的综合性实训以及实用性的大综合性实训。

四、双师型师资队伍建设

通过引进、聘用、培养等途径，不断推进师资队伍的学历结构、专业结构、职称结构、年龄结构等的提升和优化，奠定学院持续发展的坚实基础。倡导和鼓励教师积极参加各类学术研讨、学术交流，不断更新知识、开阔视野，以适应专业建设及人才培养的需要；支持教师为周边地区企事业单位，特别是基地合作共建单位提供咨询、培训、专项课题研究等服务，以及挂职锻炼，实现产学研一体化，以提高教师的整体素质和实践工作能力和业务水平；大力开展创新创业师资培养培训，聘请企业家、专业技术人才和能工巧匠等担任兼职教师，建立双师型教学团队，充实双师型师资队伍。

五、实验实训平台建设

（一）校内实验实训中心建设

在校内，通过经济管理虚拟仿真实验教学中心的建设，在实验教学资源分配、实验教学内容体系改革、校企合作开发虚拟仿真实验教学资源、培养创新实践能力强的应用型人才等方面，形成鲜明的特色。基于经管类人才培养目标构建经管类实验实践教学体系，基于经管类实验实践教学体系搭建突出职业能力培养的虚拟仿真实验教学资源平台，基于专业能力培养到提升的路径细化形成多层次、模块化的实验教学内容，基于人才培养模式改革构建校企合作、虚实结合的应用技术型实践教学模式。

同时，以跨专业虚拟仿真教学实验室为平台，以培养学生创新精神和实践能力为重点，推进开放实验室的建设，探索跨专业、跨学科、仿真性实践教学模式和学科交融培养模式；以学生专业性协会（如 ERP 协会）为平台，探索学科竞赛和学生校际交流组织模式；以大学生实践创新基地为平台，探索大学生创新能力培养模式；以大学生创新创业训练计划项目为驱动，探索大学生创业能力培养模式；以教学改革为驱动，探索毕业论文改革模式，改变现在的学术研究型毕业论文唯一形式，探索多元化的毕业论文形式（如调研报告、案例分析、论文发表等）。

（二）校外实习基地建设

按照"专业集群对接产业链、专业对接行业、教学对接岗位、服务地方经济"的思路，按照"高水平、高效益、有特色、现代化"的要求，以专业实习实训体制机制改革为突破口，以加强硬件环境建设为重点，改革实践教学体系，建立高质量的实习实训基地。通过"校企联盟"等方式，与恩施旅游集团有限公司、恩施硒来乐农业开发有限公司、恩施财富投资咨询有限公司、恩施州物价局、中国电信股份有限公司恩施州分公司、恩施州农业发展银行、恩施市凯迪克富硒茶业有限公司、湖北省高峡平湖游船有限责任公司开展深度合作，与三亚海棠湾康莱德酒店、万达三亚海棠湾希尔顿逸林度假酒店、上海亚湾酒店有限公司等开展一般性合作。

按照"共建""共享""共赢"的原则，共建实习实训基地，为学院提供实习资源，负责业务指导，形成校企共同管理、共同评价的机制；构建融实验、实训和实习为一体的实践教学体系；融专业教师、实验员、业界专家为一体的实践教学队伍；融教室、实验室、实习基地为一体的实践教学平台；融实验教程、实验指导书、实验大纲为一体的实验教材体系；建成功能齐全的

"产学合作中心"，实现校企资源共享，创新高校服务社会的模式，形成立体式、多元化社会服务体系，为企业技术开发服务、技术推广服务、经营策划服务、人才培养服务。

充分发挥校企共建的实习实训基地的作用，探索"校中厂、厂中校"的建设和合作模式，通过联合进行人才培养、产品开发、技术攻关等形式，探索与企业紧密合作的运行机制。根据互利互惠、双向互动的原则，依托行业，联合企业，采取集中与分散相结合的方法，通过面向企业提供"订单式"培养、"项目化"合作教育、技能培训与技术服务等途径，进一步拓展校外实习基地，完善校外实习基地规范化管理，实质性推动互惠性校企合作、校所合作扩大合作层面，加大合作力度，形成校外实习基地运行与管理长效机制。

六、建立全方位、多元化的教学管理体系

（一）强化教学质量的监控与保障

改变传统的教学管理中"管理部门管理教师、教师管理学生"的"垂直式"管理，建立一系列诸如落实弹性学制的保障机制，尝试"外院系课程折抵专业选修课程"的跨院系、跨专业选修课制度，建立不同职称、学历、学科教师代表在教学管理制度拟订、修订中的书面商议制度等有利于发挥管理对象的主观能动性的制度，实现"水平式"管理。

（二）构建科学的教学质量评价与反馈体系

传统的以学生成绩量化考核为主的教学质量评价体系既难以准确反映学生的实践应用能力，也缺乏科学合理的教学质量反馈机制，既需要补充实践元素，也需要增加反馈机制。强调学科竞赛、社会实践等第二课堂在教学质量评价体系中的重要补充作用，健全合作企业单位专家参与课堂教学、课程考核、论文指导与答辩等教学活动的保障机制。

（三）　制定激励与约束相容的教学管理制度

鼓励教学管理研究，围绕教学管理过程中亟待解决的问题，通过发布教学研究课题的形式组织教师展开研究，建立切实可行和高效的教学管理制度，并应用于教学管理过程之中；设计本科生指导教师引导学生开展科研活动的激励制度，包括指导教师遴选、学生选拔、激励约束等具体机制，有利于培养学生创新精神和提升实践应用能力；建立毕业论文质量保障全程监控制度，创新论文选题机制，强调开题在论文指导过程中的质量保障作用，提高毕业论文写作质量；完善教师教学质量评价制度，形成自我评价、同行评价和学生评价相结合，重视评价反馈，更加科学、合理的考评体系。

七、教学评价方式改革

改革传统的人才培养质量考评体系，设立多维化的考核模式，注意过程考核与结果考核相结合。以多方共同评价为主导，以提高学生专业技能的掌握和实践应用能力为目的，以激励学生将专业学习与职业兴趣有机结合为手段，建立校政行企所共同参与，单向评价与综合评价相结合、课程考试评价与实训实习评价相结合、知识结构评价与实践能力评价相结合的全方位、开放式人才培养质量考核与评价体系。

第四节　专业集群建设成果预期

从 2015 年起，拟用四年时间创新一套适用和先进的工商管理类专业集群人才培养模式；建设一支学术水平较高、实践能力较强、师资结构优化的教师队伍；出版一批特色系列教材；建立设施先进、实验内容仿真的校内实验实训基地和稳定的校外实习实训基地；建立教学手段方法先进、教学管理规范的教学体系，建成教学研究成果丰硕、人才培养质量高、办学特色鲜明的特色优势专业。

一、构建"强能力、重应用、守诚信"人才培养模式

工商管理类专业集群人才培养方案，通过教学团队建设、课程建设、教学方式改革、实践教学建设以及制度建设等，培养的学生具备扎实的专业基础、较强的实践操作技能，学生职业素养全面提升，就业优势明显，用人单位满意度高。

二、建设成一支高水平的教师团队

通过"内培外引"以及"联合共建"等手段，建立一支专兼教师比例合理、年富力强、学历职称与学科专业结构优化、既有深厚的理论基础又有较强的实践指导能力的高素质、复合型教学团队。

三、改革教学手段和方法

以教师为主导、学生为主体，通过四年的教学改革与实践，形成具有鲜明特色的教学改革成果，实现"为教而教"向"为学而教"的重要转变，以能力培养为主线，建立课堂讲授与案例教学相结合、课程学习与专题讲座相结合、理论知识学习与实践动手能力培养相结合的课程结构体系。每个专业的专业主干课程中2~4门课程实现专任教师和企事业单位专家共同授课；选择1~3门课程实验"评价方式多样化，评价主体多元化"的课程成绩考核新机制并适时推广。大部分专业教师能够掌握并熟练运用主动式学习教学方法，学生自主学习意识和自我管理能力明显增强。

四、建设较完备的实践教学平台

改善校内实验实训平台条件，进一步加强虚拟仿真实验教学体系的建设，

通过投入经费建设，使经济管理虚拟仿真实验教学体系更加完整，实验教学项目更加完备，完全实现中心管理智能化、网络化。每年新增校外实习实训基地1~2个，更好地为提高学生实践动手能力服务。继续选派优秀的学生，由教师指导参加沙盘模拟经管大赛等学科竞赛。

五、建立健全教学管理制度

重视教学研究工作，鼓励教师参加全国或知名院校教学研究讨会，撰写教学研究报告，并鼓励教学研究成果的实践和转化。建立并完善课堂教学全过程管理制度、教师引导学生开展科研活动制度、毕业论文质量保障制度、教师教学质量评价制度等教学管理制度。建立健全学生绩点学分制度、跨院系专业选修课制度、教学管理教师代表书面商议制度等具有"水平管理"特色的教学管理制度。构建涵盖"课内课外、校内校外"的教学质量评价与反馈体系。

第四章 地方综合高校应用型经管人才培养框架设计

在地方综合高校应用转型发展的背景下，应用型复合人才是转型高校经济管理类人才培养目标的基本定位，其核心是能力本位，重点是专业实践能力、创新能力、创业能力和就业能力的融合与提升。如何培养并提升这些能力呢？这已成为当前地方综合高校经管类应用型人才培养亟须解决的重大现实问题。为此，我们组织立项相关教研项目，综合运用文献研究、实地调查、定量分析、实验班、试点推广等研究和工作方法，针对地方综合高校经管类专业学生的实际，紧紧围绕应用型复合人才综合实践创新创业能力提升的培养目标，对经管类专业的实践教学体系进行了大胆探索和实践，经过多年的研究与实践，取得了一系列重要成果。研究结果表明，构建经管类专业"双平台多模块"塔型实践教学体系是提升学生综合实践创新创业能力重要的突破口和关键的实现路径。该教学成果的应用与推广对于提升地方综合高校经管类应用型人才培养质量，促进地方综合高校应用转型发展具有重要的示范和引领作用。

经过多年的研究和实践，我们结合社会需求和行业发展，优化以能力为中心的地方综合高校经管类应用型复合人才培养模式，积极探索经管类应用型复合人才实践教学运行机制，构建了具有一定特色的实践教学体系，使理论教学与实践教学、校内实验与校外实践、虚拟仿真与现实实践互通互融，校内外实践教学平台相辅相成。

第一节　坚持产出导向，优化"基础—专业—应用"三段式人才培养设计

按照社会需求导向和能力培养中心，根据知识、能力、素质三维一体的人才培养理念，构建了"基础—专业—应用"三段式人才培养模式（见图4-1），强化重知识、强能力、高素质的创新精神与实践能力并重的应用型复合人才。

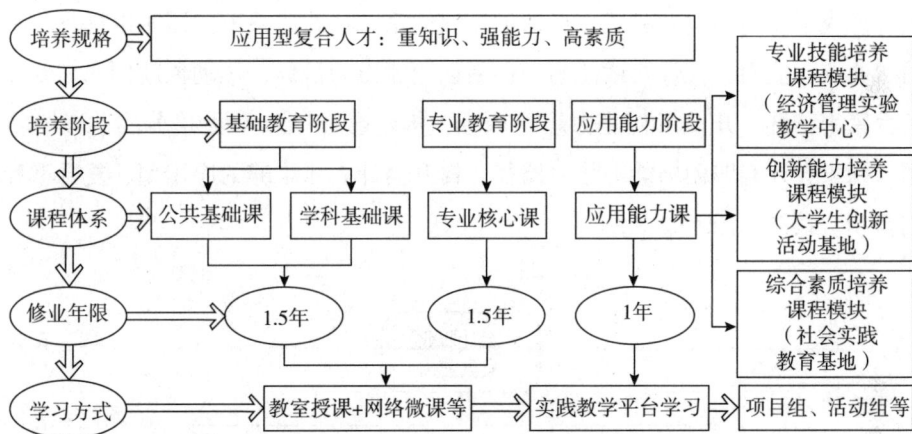

图4-1　三段式人才培养模式结构

"基础—专业—应用"三段式人才培养模式，是能力本位的经济管理类应用型复合人才培养体系的核心，把四年的培养过程分为三个教育阶段：3个学期的基础教育阶段，主要完成公共基础课程和学科基础课程学习；3个学期的专业教育阶段，主要完成专业核心课程学习；2个学期的应用能力阶段，主要完成应用能力课程学习。在应用能力培养阶段，通过实践教学、大学生创新活动（大学生创新训练计划项目、学科比赛、ERP协会、创业活动等）、社会实践等，以项目组、活动组、辅导讲座等形式，实现知识的应用，强化学生实践能力和创新能力。

第二节　坚持能力生态，构建会计实践创新能力培养的课程模块体系

以经济社会发展和行业企业对会计人才能力的需求，在"基础—专业—应用"三段式人才培养设计基础上，团队将会计人才的能力培养进一步细分为四个模块，即通识基础能力、专业核心能力、会计实践能力、创新创业能力，相应构建专业核心能力课程模块、会计实践能力模块、创新创业能力模块，形成了能力本位的实践创新课程模块体系。在此体系下，团队以提高学生的专业核心能力、会计实践能力、创新创业能力为目标，推动创新创业与专业教育紧密结合，开设系列能力培养课程，构建会计创新能力培养实践教学体系，探索会计实践创新能力培养路径，提升会计人才培养的应用型、复合型和创新型。具体如图4-2所示。

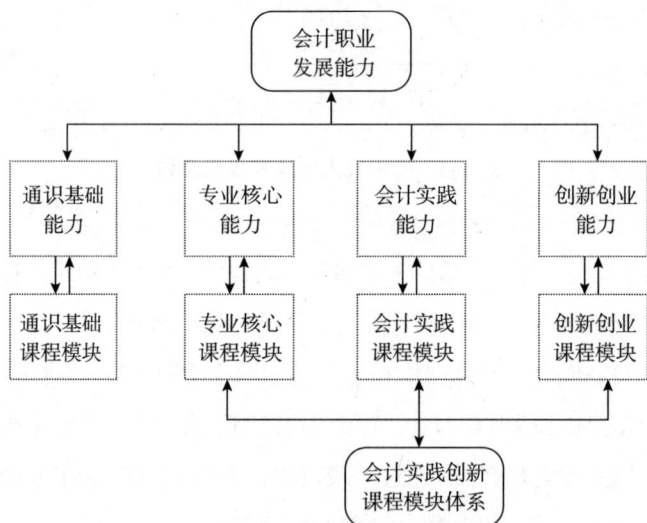

图4-2　会计实践创新能力课程模块体系结构

第三节 坚持开放共享，创建会计实践创新人才"四全"培养模式

坚持开放共享、校企合作，创建全过程、全方位、全融合、全协同的会计应用型创新人才"四全"培养模式。

一是全过程的会计实践创新能力培养，即学生自入校开始直到大四毕业，大学四年持续性地开展实践创新能力培养。

二是全方位的会计实践创新能力培养，即在师生中广泛树立大课堂理念，突破45分钟传统课堂边界，以专业教育和创新创业教育充实课外空间，打造人人皆学、处处能学、时时可学的泛在化学习新环境。

三是全融合的会计实践创新能力培养，即推进会计实践创新能力培养中师生的广泛融合；推进专业教育与科技革命和产业变革的交叉融合；推进会计学学科与其他学科的交叉融合，鼓励学生综合性跨学科学习，选修技术类课程，增设大数据分析技术与工具、供应链管理、财务决策等专业拓展课，推动人才培养向"管理型会计"迈进；推进校企合作的深度融合，以教师、企业、学生的广泛参与为支撑，优化校企协同育人路径，完善会计学专业协同育人体系和校企共商共议机制，突破以实习、就业用工性的末端协同育人。

四是全协同的会计实践创新能力培养，即实现会计学专业教育与创新创业教育的深度协同，强化创新创业实践教育；实现校企协同育人的深度协同，模块化、节点化校企协同育人内容，推行特色课程开发、双向双师培养、协同育人平台建设、协同育人实践教学、协同创新创业的五位一体，实现全过程全方位全融合的协同育人，形成合作共赢的校企协同长效机制。

第四节　坚持实践创新，构建"双平台多模块" 塔型实践教学体系

优化整合实践教学内容，构建实践教学的基础、综合、创新三类模块，实现由专业能力培养向创新创业能力培养的深化，从虚拟仿真到现实实践的渐进，形成有特色的、能力本位的经管类应用型复合人才"双平台多模块"塔型实践教学体系，如图4-3所示。

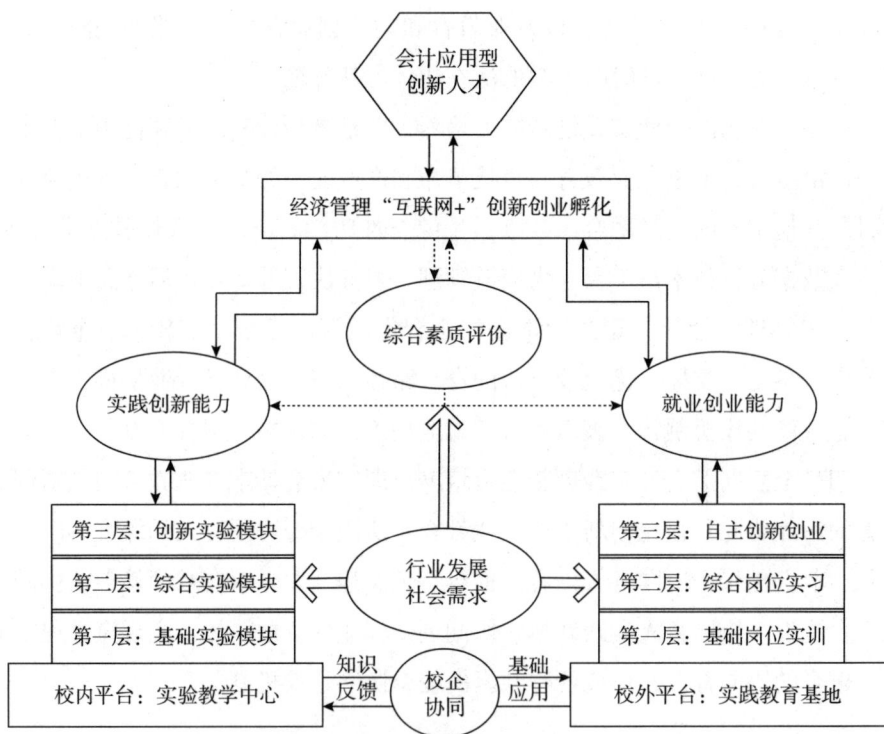

图4-3　会计应用型创新人才"双平台多模块"塔型实践教学体系

校内实践教学平台通过基础实验模块、综合实验模块、创新实验模块的实验教学，重在培养学生的实践创新能力；校外实践教学平台通过基础岗位实训、综合岗位实习、自主创新创业等模块的实践教学，重在培养学生的就业创业能力。其中：校内实验教学中心的教学，为学生在校外实践教育基地的实训、实习、创业等提供基本知识和专业能力；校外实践教育基地则是学生专业知识和专业能力的实际运用，并通过一定的响应机制，将行业、职业的实践能力需求反馈于校内实验教学平台，以修正实验教学内容和实验教学评价，促进教学方法、手段等的变革。以创业孵化为方法和手段，聚合学生的专业能力、实践能力、创新能力、创业能力等，并根据行业发展和社会需求构建能力评价体系。由此，校内外实验实践教学各层次模块，以课程为纽带，以大学生创新活动、学科比赛等第二课堂为补充，形成动态响应机制，实现校内外实验实践教学的协同和交互响应，以及校内平台虚拟仿真和校外平台现实实践的相互交融。

第五节　坚持持续改进，创建"校企合作—产教融合"的课程动态响应机制

建立了以校企校地合作为基础、特色课程资源建设为纽带，通过基础、综合、创新三层次模块动态变化的响应机制，融合于经济管理"互联网+"创业孵化，实现经管类应用型复合人才的培养目标，具体运行机理如图4-4所示。

由图4-4所示，实验教学中心和实践教育基地实现校企合作共建，校内各实验模块的教学目标、教学内容、教学方法与手段等，与校外实训、实习、创新创业的能力需求，实现互联互通，并适时响应和动态调整。这种以校企合作为基础、以产教融合为目标的课程动态响应机制，具体体现于"点—线—面—体"的实践教学运行之中。"点"型实践教学以专业课程为主推行验证性

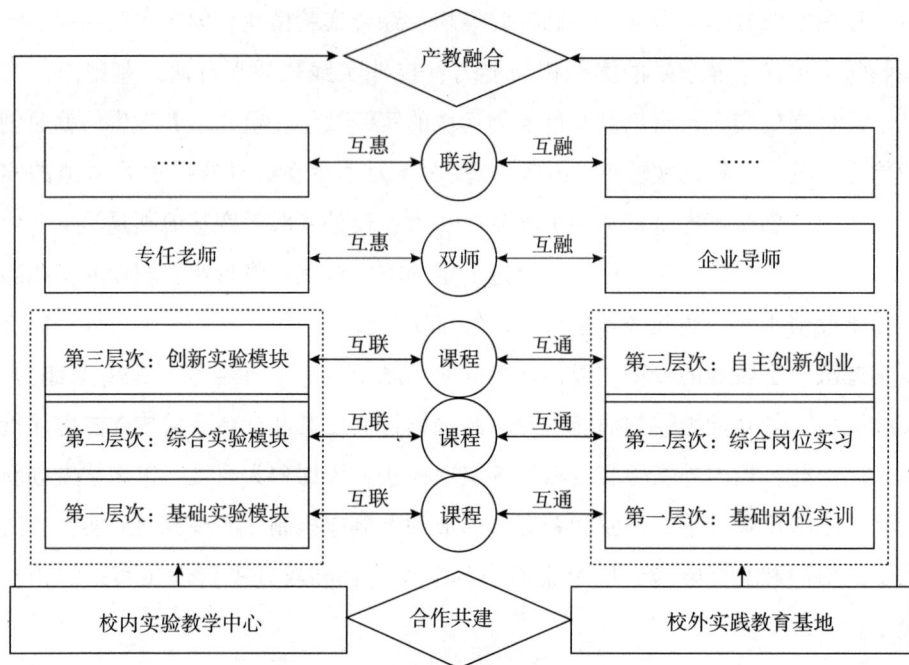

图4-4　实践教学课程运行动态响应机制

实验，目的是巩固学生所学的专业基础知识，主要体现于基础实验模块，响应于基础岗位实训；"线"型实践教学以课程实践为主，通过模拟训练、ERP实验等课程推行综合性、设计性实验，主要体现于综合实验模块，响应于综合岗位实习；"面"型实践教学以虚拟仿真综合实验为主通过VBSE创新实验、大学生创新训练计划项目、学科比赛等，推行综合性、设计性实验和实践，培养学生的创新创业能力，主要体现于创新实验模块，响应于自主创新创业；"体"型实践教学以创业孵化中心为主推行"体"型实践教学，通过创业训练、创业实践等聚合学生的各项能力，并对学生的能力开展综合评价，实现产教融合目标。

第六节 坚持校企合作，搭建会计人才实践创新创业 就业能力培养的驱动平台

搭建校内实验教学中心和校外实践教育基地两类平台，多途径、多手段、多方式培养学生的实践创新能力和创业就业能力。一是建设经济管理实验教学中心，于 2015 年度被湖北省教育厅授予省级重点实验教学中心，成为用友新道股份有限公司的师资研修基地；二是加强校企合作，建立校外实践教学活动基地，其中 1 个国家级校外实习实训基地；三是成立经济管理"互联网+"创业中心，实现实践教学与创新创业教育相融合。

第七节 坚持以学生为中心，建设基于学生 应用能力培养的教学工作团队

根据学生职业发展和能力培养需要，结合专业教师特点细化若干教学工作团队，引导教师在以学生为中心的过程培养中，建立师生交互融合的教学和学业指导机制，注重现代信息技术在专业教学中的应用；采取集中研讨、示范观摩、培训交流等形式，围绕专业协同发展、课程与教材建设、课堂教学改革等内容，开展一月一次的主题教研活动，完善会计实践创新能力培养体系，推进现代信息技术与教育教学深度融合。

第五章 地方综合高校应用型经管人才培养综合改革

专业综合改革旨在充分发挥高校的积极性、主动性和创造性，结合办学定位、学科特色和服务面向等，明确专业培养目标和建设重点，优化人才培养方案。按照准确定位、注重内涵、突出优势、强化特色的原则，通过自主设计建设方案，推进培养模式、教学团队、课程教材、教学方式、教学管理等专业发展重要环节的综合改革，促进人才培养水平的整体提升，形成一批教育观念先进、改革成效显著、特色更加鲜明的专业点，引领示范本校其他专业或同类高校相关专业的改革建设。本章以会计学专业为例，实施地方综合高校应用型经管人才培养综合改革研究与实践。

第一节 地方综合高校应用型经管人才培养综合改革目标

以社会需求为导向，以专业内涵发展为主线，以人才培养为中心，形成多个专业发展方向以及政产学研用协同的创新人才培养体系，积极探索知识、能力、素质一体的三段式人才培养模式，将会计学专业点建设成深度契合社会需求的人才培养基地、服务社会阵地和文化传承领地。为了实现以上总体建设目标，试图围绕以下几个具体建设目标展开工作：

一、构建知识、能力、素质一体的三段式人才培养模式

在培养目标上，以社会需求为导向、能力培养为中心，以培养具有"重知识、强能力、高素质"的会计人才为目标，促进学生全面发展，着力提高学生忠于职守、服务社会的职业素养，勇于探索的创新精神和善于解决问题的实践能力；在培养阶段上，分为基础阶段、专业阶段、能力培养阶段，以此构建课程结构体系；在培养对象上，实行多个专业发展方向对学生实行分类定向培养，并建立可动态调整的定向培养方案；在培养主体上，倡导多方参与，将校政合作、校行合作、校企合作、校所合作融入教学和人才培养全过程，不断推进政产学研合作与协同创新；在培养过程上，推进点、线、面、体的渐进式培养，通过知识点的切入、能力线的串联、素质面的构建，最终培养"重知识、强能力、高素质"的综合体。

二、打造专兼结合、能力互补的高素质教学工作团队

通过改革试点，根据专业人才培养多样化和能力需求导向，建立一支专兼教师比例合理、年富力强、学历职称与学科专业结构优化、既有深厚的理论基础又有较强的实践指导能力的高素质、复合型教学团队，提升整个教学团队的学术水平、实践应用能力和职业素养，为会计学专业综合改革提供师资保障。

三、建立模块化、多样化、动态化的专业课程体系

以能力培养为目标，分基础阶段、专业阶段、能力培养阶段分别建立课程

群形成完整的课程结构体系，并根据专业不同发展方向建立可动态调整的能力课程模块；以三段式应用型人才培养为主线，分专业发展方向建立课堂讲授与案例教学相结合、课程学习与专题讲座相结合、理论知识学习与实践应用能力培养相结合的可动态调整的课程内容体系。

四、创新会计学应用型本科专业教学方法体系

结合多样化应用型人才培养体系，根据不同的专业发展方向，创新基于能力需要的会计学应用型本科专业教学方法体系，实现课堂教学情境、实验模拟仿真教学情境以及现场教学情境的动态化整合，形成"三境合一"的动态化教学方式，体现教学过程中的"学思结合"；建立整合校内外资源的多元化、开放式实践教学平台，为知识转化、理论升华以及能力、素质的提升创造平台，做到人才培养过程中的"知行统一"。

五、建立体系完善、运行高效、资源共享的实践教学平台

构建融实验、实训和实习为一体的实践教学体系；融专业教师、实验员、业界专家为一体的实践教学队伍；融教室、实验室、实习基地为一体的实践教学平台；融实验教程、实验指导书、实验大纲、微课视频为一体的实验教学资源体系。在传统校企合作共建实习基地的基础上，积极开展与企业共同制定实践教学方案、共同开发实验课程、共同编写实训教材、共同开展实践教学研究、共建实验室等深层次的校企合作。

六、创新多元化的教学质量管理和人才培养质量考评体系

深化改革教学管理体制，建立监控与保障结合、评价与反馈结合、激励与约束结合的全方位、多元化教学质量考评体系。以多方共同评价为主导，以提

高学生专业技能的掌握和实践应用能力为目的，以激励学生将专业学习与职业兴趣有机结合为手段，建立校政行企所共同参与、单向评价与综合评价相结合、课程考试评价与实训实习评价相结合、知识结构评价与实践能力评价相结合的全方位、开放式人才培养质量考核与评价体系。

第二节　地方综合高校应用型经管人才培养综合改革总体思路

会计学专业综合改革试点的总体思路是：根据《教育部 财政部关于"十二五"期间实施"高等学校本科教学质量与教学改革工程"的意见》《全面提高高等教育质量的若干意见》《关于深化高等学校创新创业教育改革的实施意见》等文件精神，以及湖北省普通本科高校"专业综合改革试点"、《工商管理类本科专业教学质量国家标准》和《会计学本科专业教学质量国家标准》等相关要求，在充分认识湖北民族大学会计学专业建设现实的基础上，按照能力培养的中心和社会需求的导向，精心凝练会计学专业综合改革的理念，科学制定会计学专业综合改革的总体目标，将知识、能力、素质三维一体的人才培养理念，深入贯彻到"培养模式、师资团队、课程体系、教学方法、实践教学、教学管理"等各个环节，构建三段式人才培养模式，形成协调发展的多样化人才培养全系统，校企协同创新规划，全面推进会计学专业综合改革，培养具有良好职业素养、创新精神与实践能力并重的高素质应用型会计学专业人才。具体如图 5-1 所示。

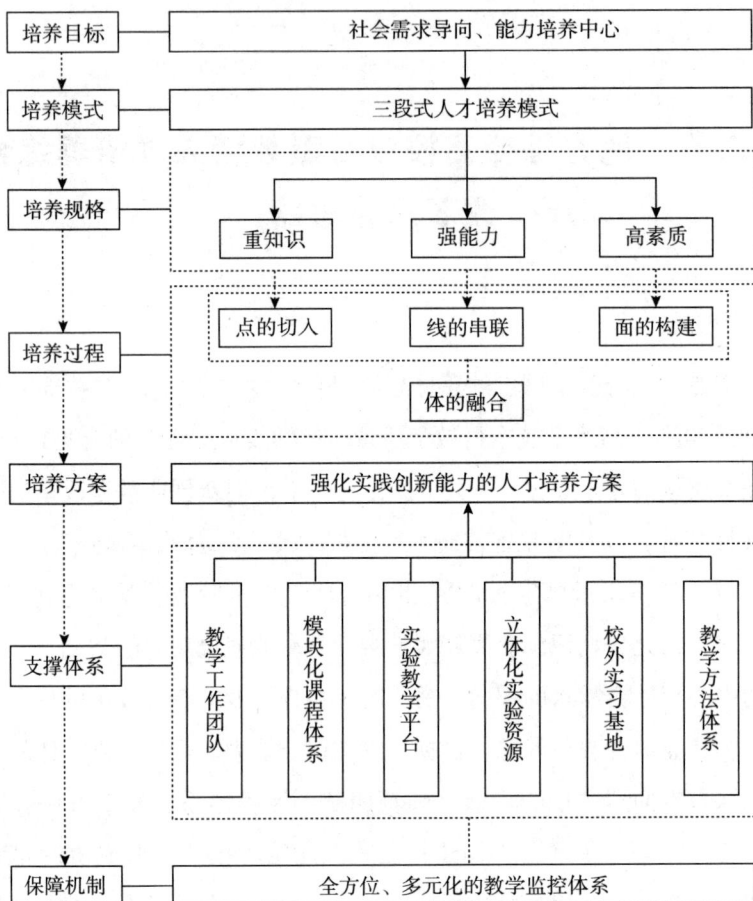

图 5-1　专业综合改革的总体思路

第三节　地方综合高校应用型经管人才培养综合改革具体措施

一、构建三段式人才培养模式，优化人才培养过程

（一）构建三段式人才培养模式

按照社会需求的导向和能力培养的中心，构建三段式人才培养模式，以培养重知识、强能力、高素质的创新精神与实践能力并重的高素质应用型会计学专业人才。具体如图 5-2 所示：

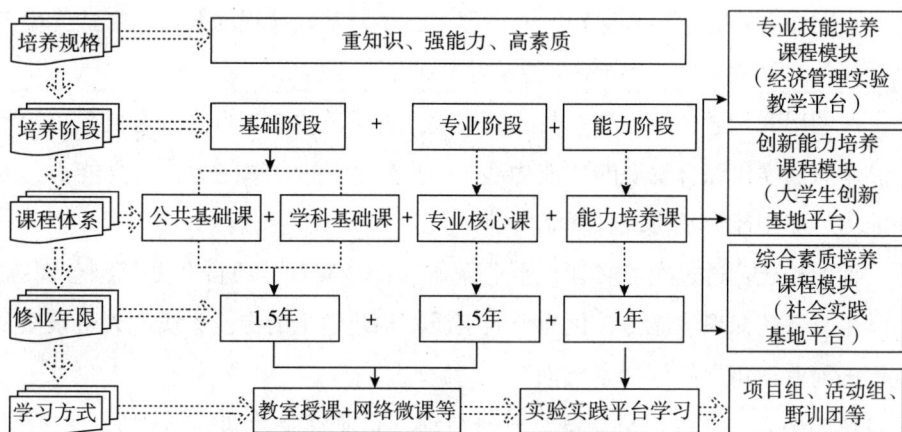

图 5-2　三段式人才培养模式结构

三段式人才培养模式即把学生的四年培养分为三个阶段：1.5 学年为基础阶段，完成公共基础课程和学科基础课程学习；1.5 学年为专业阶段，完成专

业核心课程学习；1学年为能力培养阶段，通过实验教学平台、大学生创新基地平台（大学生创新训练计划项目、学科比赛、ERP协会、创业活动等）、社会实践基地平台，完成能力课程学习，强化学生的实践能力和创新能力。

在能力培养阶段，根据社会需求，确定不同的可适时动态调整的专业发展方向，以项目组、活动组、辅导讲座等形式，实施能力的定向培养。初步设立初级会计师和会计师事务所两个特色方向。初级会计师方向：强调学生会计学专业知识的运用，以专业技能能力为核心能力。通过强化会计信息化、会计手工模拟实验等，提升学生的会计学专业技能，大部分学生毕业时均能通过初级会计师考试取得初级会计师资格证书。会计师事务所方向：以立信会计师事务所湖北分所为依托，通过在事务所中的项目式实训、定期式实习等方式，实施订单式培养。

（二）实行点、线、面、体四维一体的人才培养过程

本专业将遵循人才培养过程中的客观规律，力争在课程体系、能力训练、实习实训等各个环节实现点、线、面、体四维一体的人才培养。

点的切入：通过导入课程、通识课程、学科基础课程的开设，塑造学生各个领域的"知识点"，奠定坚实的学习基础。

线的串联：通过核心课程群的模块化，将零散的知识点进行有机系统的整合，串联成学生综合发展的"能力线"，培养学生的自律能力、自立能力、专业能力、应用能力及协调管理能力等。

面的构建：通过实习实训、企业调研、社会实践、项目开发等综合训练，将学生具备的知识、能力转化为个人素质，构建学生的专业素质、人格素质及宽广的商业视角素质等"素质面"。

体的融合：通过学科竞赛、科研活动、企业资源计划等创新平台，促进知识、能力、素质的三维融合，最终培养强能力、重应用、诚实守信的"综合体"。

二、建设基于学生能力培养的高素质教学工作团队

坚持"提高学历层次"和"充实双师型人才"的培养原则，实行"双师、双语、双向"的"三双"策略；结合校外实习基地建设，通过推行"走出去"和"请进来"的师资培训制度，不断提高教师的学术水平和实践能力；以素质教育和创新教育为重点，组建若干教学工作团队，引导教师在教学手段现代化、教学方式多样化、课程体系科学化、教学内容更新动态化等方面进行教学改革研究；推行专业教育导师制，建立教师和学生长期有效指导、沟通的渠道，打造师生交互融合的专业教学和学生学业指导机制。

基于以上思路，结合本专业每位教师的特点，根据人才培养模式和学生能力培养的需要，将专业教师组成若干具有不同内容的教学工作团队，具体如表5-1所示。

表 5-1　教学工作团队一览表

序号	团队名称	教学工作内容
1	专业理论指导组	专题学术讲座、学生考研指导、学生论文等成果评审
2	校企合作外联组	金融行业实习基地联络和建设、订单式培养衔接
3	学生学业指导组	协助学生制定学业规划、学生学业困惑解答和引导
4	校外实习指导组	校外基地实习生选拔，实习过程中的带队、管理、指导
5	学科竞赛组	选拔、组织、指导学生参加各类学科比赛，管理 ERP 协会
6	专业建设和教学研究改革组	会计学专业建设改革规划，专业教学研究和改革
7	会计技能指导组	初级会计师考试指导和咨询；会计实验强化
8	教学方法改革组	教学方法研究与改革，青年教师指导，教学评价改革研究
9	考核改革研究组	组织实施考试改革、研究学生质量考核方案
10	日常教学管理组	会计学专业日常教学管理
11	专业核心课程群建设组	专业核心课程群建设规划和统筹
12	专业技能培养课程模块建设组	实验类课程建设，包括实验指导书、教学设计、微课建设等
13	创新能力培养课程模块建设组	创新能力培养课程模块建设的规划和统筹
14	综合素质培养课程模块建设组	综合素质培养课程模块建设规划和统筹

三、建立以培养执业能力、提高职业素养为核心的课程体系

根据专业不同发展方向的核心能力要求，每个专业发展方向的课程体系由四大课程群构成，即公共课程群、学科基础课程群、专业核心课程群和能力培养课程群。通过公共课程群和学科基础课程群的开设，奠定学生坚实的知识基础；通过专业核心课程群，培养学生的自律能力、自立能力、专业能力、应用能力及协调管理能力等；能力培养课程群开设专业技能培养课程模块、创新能力培养课程模块、综合素质培养课程模块，将学生具备的理论知识转化为个人的技术能力，提高学生的专业技能素质、人格素质等。

实行课程群（模块）负责人制，建立"课程群（模块）建设负责人统筹、学院主管、主讲教师具体负责实施"的三级管理体制；建立多人联课制度，根据每位教师的专长，以专题讲座、集中研讨等方式，共同完成一门课程的教学。

四、打造条件优良、资源充足、体系完善、高效共享的实践教学平台

基于经管类人才培养目标构建经管类实验实践教学体系，基于经管类实验实践教学体系搭建突出职业能力和创新能力培养的虚拟仿真实验教学资源平台，基于专业能力具备到提升的路径细化形成多层次、模块化的实验教学内容，基于人才培养模式改革构建校企合作、虚实结合的应用技术型实践教学模式。

（一）构建点、线、面、体四维一体的新型实践教学模式

"点"型实践教学：以课程为主推行"点"型实践教学。以验证性实验教学为主，目的是巩固学生所学的基础知识，主要由各专门实验室承担。"线"型实践教学：以模块课程为主推行"线"型实践教学。结合综合性、设计性

实验开展教学，如课程设计、课程实习、模拟实验、业务实习等，着重培养与提高学生对同一课程的不同知识点，或同一专业的不同课程知识点的综合应用和融会贯通能力。"面"型实践教学：以虚拟仿真综合实验为主推行"面"型实践教学。以模拟训练、ERP、VBSE等虚拟仿真实验为主，包括跨专业、跨学科的综合性、设计性实验，让学生在模拟的环境下，学会各个实践操作过程的连接，达到学会学习、学会应用和学习创新方法的目的。"体"型实践教学：以实践创新平台为主推行"体"型实践教学。为学生搭建多种体验式实践创新平台，结合大学生创新训练计划项目支持一定数量的学生开展创新性实践项目，鼓励学生参与科学研究活动，培养学生的学术素养与科研能力；参加会计知识竞赛、ERP大赛、ERP沙盘模拟大赛、会计信息化大赛、财务决策大赛等学科竞赛，培养学生解决实际问题的动手能力和创新意识；充分利用ERP协会，通过协会组织相关专业活动和校外兄弟院校经济管理类专业学生的交流，培养学生的组织、协调和沟通能力。

（二）打造集平台、指导书、视频、研究为一体的实验教学课程品牌

进一步完善实验教学平台，建立网络化、智能化、共享化的实验教学管理和控制平台，实现实验教学管理智能化、实验教学资源校内外共享化、学生自主实验网络化；组织实验教学教师团队开展跨专业虚拟仿真综合实验教学研究，建立融实验教程、实验指导书、实验大纲、微课视频、教学研究为一体的实验教学资源体系；加强实验教学的组织管理和教学过程考评，加大实验教学管理制度化、体系化研究。最终，将湖北民族大学虚拟仿真实验课程打造成省级精品资源共享课程，实现实验教学资源向其他高校、向地方企业的有效共享，满足校内、校外其他相关专业的实践教学需求，以及企业界业务培训的需要。

（三）深化校企合作，协同创建"宽口径，多层级"的实习基地群

深化与校企联合方向班所湖北分所的合作，双方联合开展会计学专业人才培养和专业教学计划，对校企联合方向班实施订单培养，共同开发会计实习实训类课程，共同组建实习实训教学团队，共同开展实习前的专业培训、实习中的专业指导、实习后的总结与成绩鉴定等。

此外，湖北民族大学会计学专业实习基地以立信会计师事务所湖北分所为主，同时还辐射恩施州内、北京市、南昌市、武汉市，实习单位涵盖不同行业。校企双方在学生培养、资源共享、科研合作等领域可以实现有效资源整合。在基地建设中，以立信会计师事务所湖北分所为龙头，分析不同地域、不同行业实习单位的业务优势和特点，将学生分门别类地输送到各个基地实习实践，或者采取诸如轮岗式的实习模式，将同一批学生根据实习级别在不同的基地间依次输送，达到阶梯式的能力培养目的，有利于各个基地间的交流合作、业务输入输出等。

五、创新教学方法意识和教学范式

坚持学习与应用结合、共性与个性结合、传承与创新结合，建立与人才培养模式契合的教学方法体系。

（一）创新教学方法意识

树立双主体意识，强调教学相长、师生互动，"教"与"学"在交替性地居于中心地位，变换着活动的主体角色；树立开放意识，不断更新教学内容，加强对外交流，实现教育活动与教学方法的国际化借鉴；树立问题意识，在教学中鼓励学生勤于问问题，学会由结论推而广之，举一反三，研究新情况、解决新问题；树立应用意识，知识源于书本，最终走向应用，将分析、解决问题的方法逐步渗透到学生自己的认知活动和实验实践；树立能力意识，除了培养学生的职业意识和专业能力外，还要注重对学生自律能力、自学能力、交际能力、管理能力等综合能力的培养。

（二）创新教学范式

实现由知识"灌输"式教学向师生共同探究式教学转变；实现由教师授

业解惑教学向合作式教学转变；实现由单一的课堂讲授向讨论式教学、案例教学、现场教学等多样化教学方式转变；实现由注重理论教学向实践应用教学为主转变；实现由传统的闭卷考试向项目设计、专题调研、案例分析等多种考核方式转变，加大引入计算机智能化考试模式。

六、建立全方位、多元化的教学质量监控体系

围绕人才培养质量目标，以就业为导向，以技术应用型本科教学质量体系纲要及程序文件为主线，以教学质量保障和监控环节为主要内容，全方位、有步骤地对教学管理、教学过程和教学质量的各个方面和环节实行监控。

改变传统的教学管理中"管理部门管理教师、教师管理学生"的"垂直式"管理，建立不同职称、学历、学科教师代表在教学管理制度拟订、修订中的书面商议制度等有利于发挥管理对象的主观能动性的制度，实现"水平式"管理；构建科学的教学质量评价与反馈体系，强调学科竞赛、社会实践、专业技能训练等第二课堂在教学质量评价体系中的重要补充作用。

鼓励教学管理研究，围绕教学管理过程中亟待解决的问题，通过发布教学研究课题的形式组织教师展开研究，建立切实可行和高效的教学管理制度，并应用于教学管理过程之中；设计本科生学业指导导师激励制度，包括指导教师遴选、学生选拔、激励约束等具体机制，有利于培养学生创新精神和提升实践应用能力；完善教师教学质量评价制度，改变传统的教学质量评价思维，鼓励老师创新教学方式方法，肯定一切能突出自身特色、有利于学生能力培养的教学方法和范式。

第六章 地方综合高校应用型经管专业课程体系重构

在应用型本科人才培养标准基础上，重构知识、能力、素质三维一体的专业课程体系，以课程群为单位，凸显课程群在具体教学中的知识传输、能力塑造和素质培养功能，并互为一体，横向助推，纵向拓展。按大课程进行课程建设，进而获得整体优化、获得学科优势，突破独立的课程界限，打破面面俱到的课程设置特征。强调每个群单元的知识传授、能力培养、素质提升功能，结合专业特征和社会需求，将所有课程进行关联分类与整合，发挥各群单元的模块功能。打破当前课程与课程之间的界限，找出理论课之间的内在联系、实验课之间的内在联系，通过每个课程群的理论学习及实践实训学习，具备解决相关问题的能力。本书以会计学专业为例，实施地方综合高校应用型经管专业课程体系重构研究。

第一节 地方综合高校应用型经管专业课程体系重构的背景分析

会计主要是应一定时期的商业需要而发展的，会计本科专业培养目标亦是动态发展，并与社会主义市场经济发展相辅相成。改革开放以来，会计教育事业得到了空前发展，取得了令人瞩目的成就，各阶段会计人才的培养目标和人才培养规格做出了适时调整。经济社会的变革要求会计职业的角色功能做出必要的改变和重新定位。《教育部关于全面提高高等教育质量的若干意见》（高教〔2012〕4号）和《国家中长期教育发展改革和发展规划纲要（2010~2020年)》提出，高等教育需要优化结构，立足区域经济与社会发展，办出特色。各高校需结合自身实际，全面深化教育教学改革和真正实现各专业人才发展与建设目标。各类院校在教育经费投入、教育规模、学科建设、师资力量、生源质量等方面存在各自的差异，因此，人才培养目标定位不可同质化。面对社会对高等教育的异质化需求，地方高校会计学专业人才培养需要优化结构、转型发展、突出特色。

当前，会计人才呈现供需不对称的矛盾关系，核算能力为主型的低端人才过剩；经验丰富、具备过硬职业能力和专业素养的高端人才短缺；互联网技术飞速发展、教育方式多元化、教育资源开放化，引发学生学习方式的变化；会计从业资格证取消，入职门槛升高，倒逼会计教育改革。高质量的会计教育是支撑和提高会计地位的有效方式，会计学专业人才培养应定位于博学的专业人才 。教育改革大环境的变化、财经法律法规的调整变动、会计学专业人才的供需矛盾以及当代大学生的学习方式转变等，引发了地方高校会计学专业人才培养定位的思考。

基于能力培养的会计学专业课程体系重构，是人才培养模式改革中顶层设计的关键和核心，定位于"知识、能力、素质"为主线的高层次应用型人才培养模式，将专业教育与业务实践相结合、专业教育与岗位胜任能力相结合、专业教育与学生创新创业教育相结合，是高校会计学专业转型发展的可行之道。

第二节　地方综合高校应用型经管专业课程体系重构的意义

会计史学家查特菲尔德（Chatfield）曾说过"会计的发展是反应性的"，

"会计主要是应一定时期的商业需要而发展的", "并与经济的发展密切相关" (迈克尔·查特菲尔德, 1977)。事物是发展的, 会计本科专业培养目标亦是动态发展, 并与社会主义市场经济发展相辅相成。可谓经济越发展, 会计越重要。改革开放以来, 我国会计教育事业先后经历了全面恢复 (1978~1985 年)、改革探索 (1986~1992 年)、飞跃发展 (1993~1999 年)、国际化 (2000~2015) 阶段, 会计教育事业得到了空前发展, 取得了举世瞩目的成就。各阶段会计人才的培养目标和人才培养规格做出了适时调整。经济社会的变革要求会计职业的角色功能做出必要的改变和重新定位 (Albrecht, 2002)。会计职业领域从传统的记账、算账、报账为主, 拓展到内部控制、投融资决策、企业并购、价值管理、战略规划、公司治理、会计信息化等更高端管理领域, 执业重心由传统的财务会计向管理会计倾斜; 会计师在组织决策、战略判断等管理活动中的参与度逐步提高, 需要会计人才具备沟通协调、战略管理、组织文化、信息分析等能力; 会计国际化的必然趋势要求会计人才熟悉国际市场规则和会计规则, 具备跨文化沟通能力和国际视野。新环境对会计人才的知识储备、能力水平、素质修养提出了新的要求。会计教育如何应对这一现实需求, 必须厘清会计人才知识储备、能力水平、素质修养三者的内涵与逻辑关系, 探索会计人才培养的目标和载体。

一、联系了当前会计教育的实际

习近平总书记多次就教育工作做出重要论述, 我们要联系教育改革发展稳定的实际, 联系工作实际和思想实际, 努力做到学以致用、用以促学、学用相长。在高等教育改革中, 做到改有所依、改有所进、改有所成。《国务院办公厅关于深化高等学校创新创业教育改革的实施意见》明确提出: 高校教育要坚持问题导向, 补齐培养短板, 突破人才培养薄弱环节。本项目根据新环境下市场对会计学专业人才的知识、能力和素质要求, 明确新形势下会计人才培养的目标, 重构会计本科教育课程体系。

二、顺应了高等教育的三大规律

《国家中长期教育改革与发展规划纲要（2010~2020年）》指出："提高质量是高等教育发展的核心任务，是建设高等教育强国的基本要求。"新形势下，高等教育和高等院校发展中的类型、层次和形式定位以及人才培养中的方向、规格和目标定位问题，都是至关重要的。

（1）遵循人才培养中的无限性规律。不同培养和发展的资源、方式、环境、条件或机遇等因素，就会出现不同的培养效果和目标，这是人才培养的普遍性。但一定要注意人才培养和发展规律中的特殊性和无限性问题，本项目将从课程系统构建体现我校会计本科人才培养的侧重、特色，但不局限和隔断或封顶人才培养和发展。

（2）把握教育中的职业性规律。按照《国家中长期教育改革与发展规划纲要》和《国家中长期人才发展规划纲要》提出的"建立和完善现代国民教育体系"和坚持三个面向，注重在实践中发现、培养、造就人才，构建人人能够成才、人人得到发展的人才培养开发机制的要求，以及探索推行创新型教育方式方法和改革职业教育模式的要求，破除普通教育就是普通教育、职业教育就是职业教育的局限认识，找准通过职业教育服务于我校会计人才培养的定位。

（3）掌握应用科学发展中的开放性规律。开放性是指遵循客观事物的开放规律，采取积极的开放工作，实现开放的科学发展。会计本科教育同任何客观事物一样，都是在实践中不断调整、变化、完善自己而实现科学发展的。

三、有利于推动会计学本科专业转型发展

地方高校转型发展是适应国家经济转型升级的要求，也是高校生存发展的现实需要。转型的关键是明确办学定位、凝练办学特色、转变办学方式，把办学思路真正转到服务地方经济社会发展上来，转到产教融合校企合作上来，转

到培养应用型技术技能型人才上来，转到增强学生就业创业能力上来。而课程教学是人才培养的主渠道，科学合理的会计学专业课程体系是实施大学生创新能力培养的重要载体，是人才培养过程中知识呈现的重要载体和知识传播的主要落脚点，是塑造人才人文科学素质、专业素质和身心素质的实现过程。本项目将创新创业教育融入课程系统，丰富课程、创新教法、强化师资、探索具有本土特色的会计人才培养模式。

第三节　地方高校会计学本科教育课程研究分析

一、高校会计学本科教育课程设置研究

刘永泽（2010）认为，在会计国际化环境下，会计课程的设置应该不只局限于会计学科知识的系统性，应该打破传统的学科知识结构，与财务、金融等相近的学科进行知识整合，强调学科的综合性和知识的完整性；杨雪（2010）认为，国际化会计人才培养的课程设置应考虑通用性强、可比性强；孔令辉（2010）认为，会计本科教育的课程设置应在厚基础、宽口径的指导思想下、以能力为导向调整培养方案，同时要把职业道德教育贯穿其中，注重对学生正确价值观的培养；危莹、高电玻（2009）认为，我国高校的会计课程偏重会计制度、会计准则等一些知识的解释，缺乏应有的理论论述及分析；蓝文永（2011）认为，在我国现有财经院校中，会计学专业课程设置，出现各门专业课程建设中过多强调单科内容的完整性，而忽视整体专业教育课程内容的系统性，单项课程之间呈现内容的交叉性和重复性，这样既增加了各科教师的负担，造成资源的浪费，又减少了学生有效学习和实践的时间。易玄、刘冬荣（2012）的研究表明，经过多年的调整，我国大多数大学的专业设置基本适应了会计国际化的趋势；Kinney（2001）认为，应更多开设信息技术、金

融方向、战略管理等方向的课程，以适应会计职能在组织管理中的转变；日本的会计学校中则更多传授国际会计准则等方面的知识，以适应会计国际化的趋势。从以上分析可以看出，多数研究都认为课程设置应该更宽泛，而不仅仅是局限于会计学专业知识，在课程设置中进行科学融合，加大实践教学比重，培养学生多方面的能力素质。

二、本科会计学专业人才知识、能力、素质研究

会计师开始在利用会计信息参与决策或支持决策的过程中扮演重要的角色，这就需要未来的会计师拥有三种重要的能力：职业判断能力、信息分析能力和沟通能力。刘永泽、翟胜宝（2009）指出，这些知识和能力需要从本科层次的会计教育做起。为了更好地实现这一目标，建立科学的课程体系是非常重要的一环。周萍（2013）强调传统的教育方式不适应新环境，认为会计本科毕业生应具备沟通技能、治理技能、人际关系技能；应具备一般知识、企业与组织相关的知识和会计与审计的知识。周碧雁（2015）指出，会计从业人员应该具有新的知识结构、计算机和网络技术知识、良好的业务操作技能、良好的沟通和解决问题的能力、较强的分析问题能力、优良的思想品德、开阔的视野、创新的思维、能快速适应瞬息万变的环境。程安林、李婉丽（2011）基于国际业务能力出发，提出应培养具有全球视野、熟悉国际惯例，掌握国际会计审计通用规则，具有全面综合素质、国际执业资格与适应国际业务能力的通用会计人才。《会计学本科专业教学质量国家标准》明确提出，会计学专业人才应定位于博学的专业人才，具有诚信意识和专业操守、具备人际交往和沟通能力、信息获取能力、自主学习、终身学习和持续创业能力。相关研究显示，具备以下素质的会计人才比较受企业欢迎：有丰富的从业经验、有较好的学习能力和适应能力、有诚实的品行和踏实的工作态度、有良好的沟通能力、具有战略思维、能够支持决策。

综上可知，外部市场变化促使会计职能转变，并对会计人才的知识结构、能力水平和素质拓展提出了更高的要求，普通的"账房先生"将一去

不复返。相关学者侧重于研究会计人才能力特征，且具有不同的侧重面，鲜有学者将会计本科人才知识、能力、素质培养与课程体系结构有机的结合。会计要发展，教育是关键。基于知识、能力、素质培养的会计学专业课程体系的构建，不仅重组了课程结构和内容，还包括教学主客体重塑、实施方案与实施机制等。

第四节　地方综合高校应用型经管专业课程体系重构路径

一、厘清知识、能力与素质关系，明确会计学本科人才的三个维度

知识是客观事物的固有属性或内在联系在人们头脑中的一种主观反映，知识也是形成人的能力的阶梯和载体；素质是个体在先天的基础上，通过后天的环境影响与教育训练而形成的某种活动的基本品质和基础条件。一般把人的素质分为五个方面：思想道德素质、科学文化素质、专业素质、身体素质和心理素质。能力和知识是形成人的综合素质的基本元素。会计本科专业课程体系的重构，必须建立在会计人才知识要求、能力要求和素质要求的目标上，并作为本项目研究的根本出发点和落脚点。结合《国家中长期人才发展规划纲要(2010~2020年)》《会计学本科专业教学质量国家标准》及用人单位对人才的需求，会计本科毕业生应具备以下三个维度。

(一) 知识要求

会计本科学生应掌握管理学和经济学等基础学科的理论和方法，建立一个良好的、基础知识扎实背景；具备学科基础知识后，系统掌握基本理论、方法和技能在内的会计专门知识、了解本学科的理论前沿和发展动态，熟悉国内外

与会计有关的法规制度和国际会计惯例；还需要具备文学、社会学、心理学、历史学、政治学、伦理学、哲学和艺术等方面的人文知识，掌握并运用高等数学、统计学、外语、计算机等方面的知识技能。

（二）能力要求

会计本科学生的能力结构包括专业能力和综合能力两方面。学生需要熟练掌握定性和定量分析方法，准确地陈述和处理跨级事项，撰写会计工作报告和财务分析报告，养成职业判断能力，提升决策水平，通过敏锐的洞察力对信息进行恰当分析，为决策支持和风险管理提出合理建议；还要具备人际交往与沟通能力，信息获取能力，以及自主学习、终身学习和持续创新的能力。

（三）素质要求

会计学专业学生的素质包括人文和科学素质、专业素质和身心素质三个方面。具备良好的道德修养和社会责任感，具备会计知识和技能，具有创新意识与分析、解决问题的基本能力，身心健康，正确处理人与自然和社会的关系等。

二、基于能力培养的会计学专业课程体系重构内容

当前高校会计学专业课程体系理论部分厚重、实践内容不足、强调单科内容完整性、忽略整体专业教育的系统性，学生有效学习和实践能力不足，创新创业意识薄弱，岗位胜任能力缺失、会计本科毕业生综合能力与市场需求不匹配等。建立"知识、能力、素质"三维一体的阶梯型培养模式，让学生在不同学习阶段有所侧重，做到知识、能力、素质协调发展，不断提高自身的社会竞争力，成为博学的专业人才。如图6-1所示。

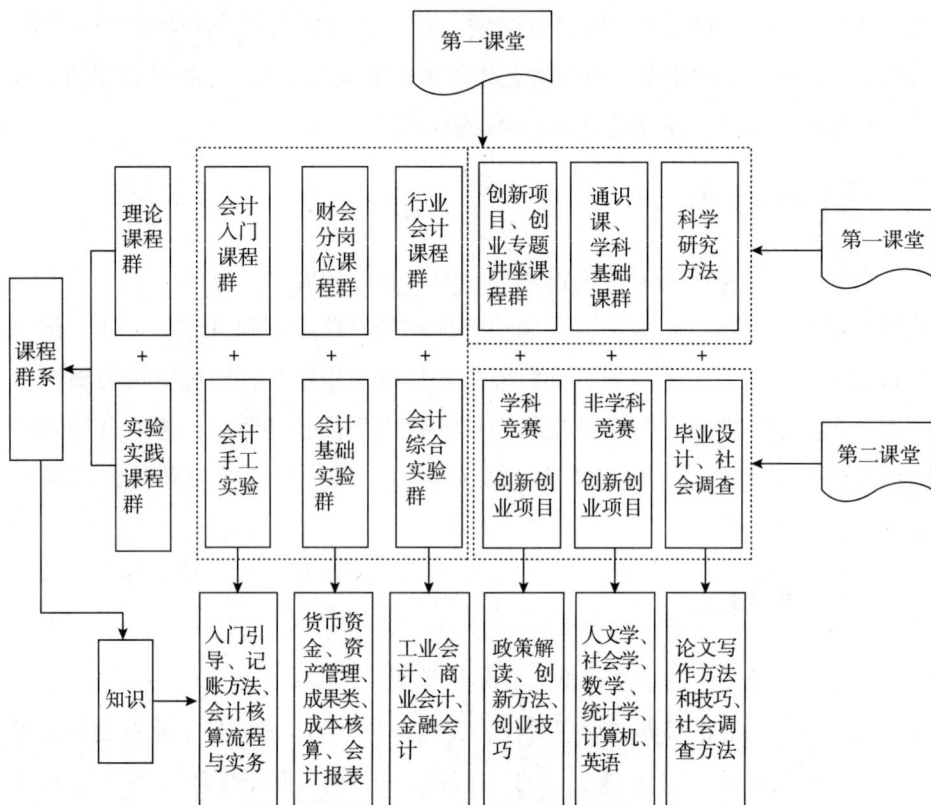

图6-1　会计学专业课程群设计

第五节　基于能力培养的会计学专业课程体系重构方案

一、以知识、能力、素质为主线的人才培养框架

（一）以知识传授为基础，构建课程群

知识是客观事物的固有属性或内在联系在人们头脑中的一种主观反映，知

识也是形成人的能力的阶梯和载体。结合《国家中长期人才发展规划纲要（2010~2020 年）》《会计学本科专业教学质量国家标准》及用人单位与毕业生问卷调查，对会计学专业人才的知识需求做如下描述：会计本科学生知识结构由学科基础知识、专业知识和其他知识构成，具体应掌握经济学和管理学等基础学科的理论和方法，建立一个良好扎实的知识背景；系统掌握会计基本理论、方法和技能了解本学科的理论前沿和发展动态及国内外制度；具备人文科学、自然科学、社会科学等技术知识。学习和实践是获取知识的主要手段，也是会计学专业人才知识形成的主要途径，课程教学则是学生学习和实践的第一渠道。这就需要，在会计学专业人才知识内容要求的前提下，科学合理地构建相应的课程体系。现有的课程体系设置主要有两种模式：一是单轨式，即"公共课+专业基础课+专业核心课+选修课"的设置模式，也是当前的主流模式；二是双轨式，第一层为专业基础课加专业核心课程，第二层为计算机信息技术类的实践课程，主要是理工类院校会计学专业选择的模式。而某类知识或能力的培养，单靠一门课程学习难以达到，需要几门具有内在关联的课程教学合力而成。因此，必须突破以上两种模式，构建一套关系密切、逻辑合理的课程群体系，按会计学专业所需知识，形成知识模块，再按模块开设课程进而构建课程群。

（二）将知识转化为能力，强化实践教学

知识极为重要，没有知识就没有人类的一切。然而，"知识就是力量"是有前提条件的，必须具备相关的能力，才能真正地将知识转换成真实的力量，做到学以致用，理论指导实践。许多大学毕业生纸上谈兵、眼高手低、高分低能、有知识而无能力。用人单位满意度低，大学毕业生自我肯定弱化，社会对高校人才培养质量评价滑坡，引发了近年来高校人才培养的反思，大学生的能力培养成为大学本科教育亟待解决的问题。北京大学原校长吴树青教授曾提到：为什么我们的高等教育没有培养出文科大师？因为尖子人才不但要博学多知，还要能运用知识，开拓创新。急功近利是培养不出"大家"和"大师"的。因此，高层次应用型会计人才既要有宽厚的知识功底，又要具备解决具体

问题的动手、动脑的能力。而这样的能力，是技能与心理特征的综合体现，集思考、探索与创造于一体的外在表现。大学会计本科人才应该具备哪些方面的能力？针对这一问题，通过对近三年会计学专业毕业生组织网络调查，回收整理问卷，分析结果表明，会计本科生需要具备如下能力：文书能力、信息处理能力、语言表达能力、组织沟通能力、撰写工作报告能力、自主学习能力、持续创新能力等。总的来看，会计本科生的能力结构包括专业能力和综合能力两方面。要做到学以致用、理论指导实践，将所学的理论知识转换成解决实际问题的能力，并不是课堂教学所能达到的教学目标，需要拓宽教学平台、创新教学方法、将实践教学作为知识与能力转换的主要媒介。

在实践教学过程中，学习过程从"以教为主导"转变为"以求教为主导"、学习方式从"以理论为主导"转变为"以问题为主导"、学习内容从"以知识为主导"转变为"以应用为主导"，这种教学模式的转变和创新有利于形成学生自主求学、求真的动力，有利于提升学生自我管理、团队协作、沟通协调能力，容易产生师生共勉的良性循环，有利于实现全面的师生交流与沟通过程，教书育人、因材施教在这个过程中自然体现。实践教学能帮助学生尽快了解和掌握专业技能，使学生一进校就参与专业实训，将所学的理论知识感性化，构建专业认知能力和解决问题能力。高层次应用型会计学专业实践教学体系层层递进、互为一体，由手工、基础、综合三类模块组成，实现了由基本业务处理能力、基础岗位胜任能力、综合岗位能力纵向深化。

（三）将知识、能力内化为素质，做实第二课堂

如前所述，知识是基础，能力是知识的具体运用，而素质则是知识和能力的内化。有知识和能力不一定就有高素质，但是没有知识和能力绝对不会有高素质。因此，素质的塑造一定是以知识和能力为前提的。在当前会计人才结构不合理、高层次会计人才供给不足、会计入职门槛升高，高校更应该注重会计本科人才素质培养。《标准》中指出：会计学专业学生的素质包括人文和科学素质、专业素质和身心素质三个方面。具备良好的道德修养和社会责任感，具备会计基本知识和技能，具有创新意识与分析、解决问题的基本能力，身心健

康，正确处理人与自然和社会的关系等。总的来说，包括人文素质、专业素质、创新素质、身心素质。然而，会计学专业教育如何将学生的知识和能力内化为这些素质？纵观中国教育历史，无处不彰显素质教育。大教育学家孔子主张有教无类、举一隅不如三返隅、"学而不思则罔，思而不学则殆"；《中庸》提出为学的"五序"："博学之、审问之、慎思之、明辨之、笃行之"；儒家学派把"修身，齐家，治国，平天下"作为知识分子崇尚的信条；湖南岳麓书院以"博于问学、明于睿思、笃于务实、志于成人"为教育传统。可见，素质教育的形成不外乎三个方面：学习、思考、实践。简言之，在学习、思考和实践中塑造学生的人文素质、专业素质、创新素质和身心素质，是会计学专业人才培养的落脚点。学生在第一课堂中学习了知识、培养了能力还远远不够，素质的全面塑造需要通过第二课堂来锤炼，将知识和能力深入地内化、上升为内在素质。

二、以能力为本位进行课程设置

传统的课程体系一般按照通识课、学科基础课、专业基础课和专业核心课的四段式设置程式，强调对知识的系统性及全面性训练，但传统课程体系重知识积累、专业操作能力、对专业技能与岗位实践缺乏应有关注。以知识、能力和素质为本位进行课程体系改革，须摒弃传统的课程设置程式，按照社会对会计本科人才的实际需求，将专业课程设置与专业岗位有机结合，在课程教学中实现专业知识的循序学习、能力的渐进式导入和素质的全面提升，做到专业能力、实践创新能力和其他综合能力并驾齐驱，促进学生知识、能力、素质螺旋式的提升。

三、构建双平台、多模块的实践教学体系

在平台建设上，校内实践教学平台和校外实践教学平台相辅相成，各有侧重。校内实践教学平台通过手工实验模块、基础实验模块、综合实验模块的实

验教学，重在培养学生的基本业务处理能力、具体岗位和综合岗位的感性认知能力；校外实践教学平台通过基本业务处理实训、基础岗位实习、综合岗位实习的实践教学，重在培养学生的实际岗位的真实操作水平，校内外实验、实践教学的全面融合，综合培养学生的创新精神、创业意识和创新创业能力。其中：校内实验教学中心的教学，为学生在校外实践教育基地的实训、实习、创业等提供基本知识和专业能力；校外实践教育基地则是学生专业知识和专业能力的实际运用，并通过一定的反馈机制，将行业、职业的实践能力需求作用于校内实验教学平台，以修正实验教学内容和实验教学评价，促进教学方法、手段等的变革，进而不断提升学生的综合能力。

四、实施教学创新实践

会计学专业的实践性和应用性很强，在教学中进行单项的知识灌输式教学必定是失败的，必须以能力本位为中心进行教学创新。该专业进行的教学创新实践，主要是以岗位群工作任务相关性为逻辑基础构建专业课程，以项目为载体构建教学内容，以完成工作任务为课程目标，实施任务驱动行动导向的教学模式，与传统教学模式相比，更适合学生学习，更有利于培养其职业能力。

第六节　基于能力培养的会计学专业课程教学保障机制

一、实验教学平台

实验教学是培养会计学专业学生能力的重要手段。会计信息化实验室、ERP

沙盘实验室、电子商务实验室、VBSE 跨专业综合实验室等，承担相关课程的实验、实训教学任务。

二、实践教学基地

搭建会计本科学生专业实习平台。与江西西龙食品有限公司、北京弘盛信会计师事务所、恩施财富投资咨询有限责任公司、立信会计师事务所湖北分所建立校企合作、与恩施州内大型银行建立校行合作，有计划地向实习基地输送实习生，培养学生的岗位胜任能力、解决问题能力、沟通协调能力，积累从业经验等。同时，为企业输出人才，节约用人成本等，从而达到双赢目的。

三、"双师型"教师队伍

"双师型"教师应能按照市场调查、市场分析、行业分析、职业及职业岗位群分析，调整和改进培养目标、教学内容、教学方法、教学手段，注重学生行业、职业知识的传授和实践技能的培养，能进行专业开发和改造等。建立了与用友新道湖北师资研修基地与立信会计师事务所湖北分所的实习基地，通过基地建设，构建"双师型"教师队伍，提升专职教师的技能水平，亦可引入"1+1"模式，即专职教师与兼职教师的耦合。

四、合作办学，共享教学资源

聘请外籍教师承担相关课程教学，与四川大学、英国德比大学、天津财大合作办校，不定期进行学术交流、共享教学资源，为我校会计学生提供国际化的教学条件、引入国际化的教学理念和手段。

知识、能力、素质三维一体的会计学专业课程体系，突破了独立的课程界限，打破了面面俱到的课程设置特征，强调每个群单元的知识传授、能力培养、素质提升功能，结合专业特征和社会需求，将所有课程进行关联分类与整合，发挥各群单元的模块功能。同时，探索课程之间的最优组合，构建课程模块的最优秩序，优化和整合教学内容，需要转变会计教育理念、进一步建设"双师型"教师队伍、搭建教学资源共享平台、探索和创新教学改革、实施科学的教学质量评价等。

第七章 校内实践教育基地建设与实践

经济管理类专业是学校的特色专业，办学特色鲜明。学院确定了"特色、质量、服务"的办学定位，即：在专业建设上，深入专业综合改革，探索人才培养的特色模式，坚持专业的内涵发展，凸显专业特色；在人才培养目标上，以质量为目标，培养高质量、高素质的应用型人才；在服务层面上，坚持为武陵山区域经济社会发展提供人才支撑和智力支持。经济与管理学院围绕人才培养的中心，坚持应用型人才的培养目标，逐步树立了"理论教学与课外开放教学及社会实践并重、基本技能培养与实践创新能力相结合、课内实验与课外开放教学及社会实践并举"的实验教学理念。近几年来，学院按照"在基础阶段以做实验为主，强化基本实验技能训练；高年级以设计性实验、课程设计、学位论文等为主，突出综合技能训练；加强创新精神和创新能力的训练"的实验教学改革思路推动实验教学体系、内容、手段和方法改革。为此，湖北民族大学全力建设经济管理虚拟仿真实验教学中心（以下简称中心），为经济管理实验教学构建具有创新性和先进性的实验教学平台。

第一节 经济管理实验教学示范中心发展历程

湖北民族大学经济管理实验教学示范中心是湖北省省级重点实验教学示范

中心。中心根据学院"立足民族地区经济社会发展，培养服务于区域经济社会发展的高级经济管理类应用型复合人才"的培养目标，构建了基础、综合、创新三类模块的实验教学体系，组织教师大力开展实验教学改革，强化实验资源建设，逐步改善实验教学条件，不断优化实验教学管理，稳步实现中心管理的信息化、智能化和共享化。经济管理实验教学示范中心的发展历程可追溯到1993年，其建设历程经历了如下三个发展阶段：

一、第一阶段（1993~2010年）：初创奠基阶段

1993年，湖北民族大学创办会计学专业，1994年成立财经系，并组建成立会计电算化实验室。2002年，学校将原财经系、政法系、社科部合并，成立湖北民族大学财经政法学院，隶属原财经系和政法系的会计电算化实验室与模拟法庭实验室进行了整合。2010年，学校实施学科专业重组战略，将原财经政法学院的会计学、财务管理、市场营销、国际经济与贸易专业和原民族学与社会学学院的旅游管理等五个专业进行整合，组建了湖北民族大学经济与管理学院，并筹建经济管理实验教学中心。

二、第二阶段（2011~2013年）：成长壮大阶段

2011年，经济与管理学院获批中央财政支持地方综合高校专项发展资金支持200万元，实验室进行大规模改造，整合了学院原有的实验教学资源，建立了旅游管理综合实验室、沙盘实验室、经济数据收集与分析实验室，实现了资源有效共享。2012年，与恩旅集团共建的实习实训基地获批为国家级大学生校外实践教育基地。2013年，以经济管理实验教学中心为基础申报的经济管理大学生创新活动基地，获批为校级大学生创新活动基地。

三、第三阶段（2014年至今）：整合提高阶段

2014年，学院与"用友新道科技有限公司"联合共建跨专业综合实验室，

将经管类各个专业的专业知识进行融合并组建一体化的虚拟仿真模拟，通过新道科技股份有限公司的"虚拟商业社会环境 VBSE——跨专业综合实践教学平台"，搭建虚拟的商业社会环境，让学生在虚拟的市场环境、商务环境、政务环境和公共服务环境中，根据现实工作内容、管理流程、单据等，结合教学设定的业务规则，将经营模拟与现实工作接轨，实现仿真经营。体现了以共育"宽、专、能"的"Z"型人才为目标，通过实习实训 3S 基地体系，把企业搬进校园，共同培养信息化时代应用型创新人才。该实验室具有两大特色：一是虚拟仿真性，即仿真真实的商业社会环境；二是综合性，即学生和指导教师来自不同的专业，在实验中扮演不同的岗位角色。2015 年，成为湖北省省级重点实验教学示范中心。2016 年，得到中央财政支持地方综合高校专业发展资金 225 万元，建设经济管理"互联网+"创业孵化中心。2017 年，得到中央财政支持地方综合高校专项发展资金支持 200 万元，2018 年建成了旅游管理综合实训平台，包括酒店和餐饮实训室、旅游社和旅游规划实训室等。2018 年底，再次获得中央财政支持地方综合高校专项发展资金支持 200 万元，建成金融虚拟仿真实验室。

中心根据基础、综合、创新三类模块的实验教学体系，构建了基础实验平台、综合实验平台、创新创业平台、旅游管理实训平台。其基本架构如图 7-1 所示。

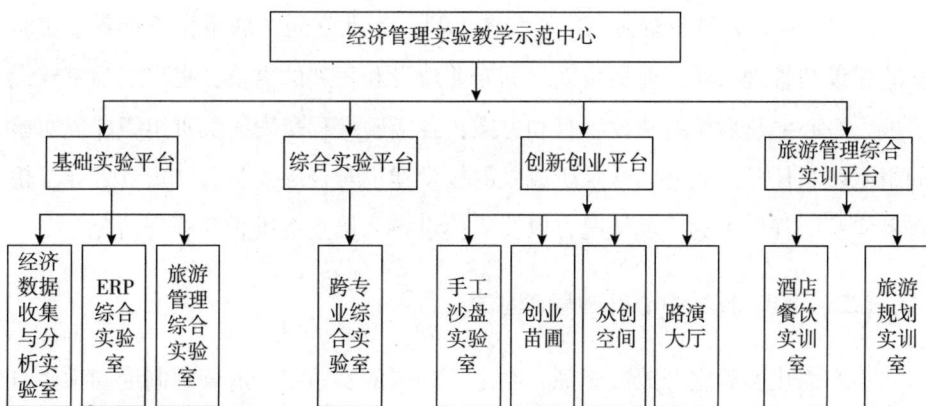

图 7-1 经济管理实验教学示范中心基本架构

第二节　实验教学中心运行管理模式与制度

根据实验中心建设的需要，学院制定了一系列实验教学管理制度和措施，强调了实验教学在人才培养中的重要地位，加大了对实验教学的投入力度，为提升实验教学层次，提高实验教学水平和质量，促进学生知识、能力、素质协调发展创造了良好的政策氛围。

一、实验教学中心运行维护模式

（一）实验教学中心运行管理模式

为加强中心建设，学院成立了相应的建设委员会，由学院院长担任委员会主任。委员会主要负责审核中心建设规划，检查落实建设任务，解决协调中心建设中的有关问题。具体管理中，建立了"中心主任+实验管理人员+专业负责人+实验课程负责人"四级组织保障机制。中心实行主任负责制，中心主任统筹安排、调配、使用实验教学资源和相关教育资源，全面负责中心的建设与管理工作；实验管理人员负责协调中心与各学科、专业之间的联系，负责各个实验室的建设和管理；各专业负责人根据专业建设和发展的需要，提出实验室建设要求，中心汇总后统筹建设项目和方案；各实验课程负责人负责组织课程实验的组织教学任务。此外，学院所成立的教学建设与督导委员会，负责督导、检查各实验课程任务的完成情况，以及实验设备、档案等维护和管理情况。

（二）实验教学中心开放管理模式

中心强化实验室开放式管理，制定了相应的实验室开放管理制度和学生自主实验管理办法，方便学生自主实验；为各类学科竞赛提供开放条件，学生根据竞赛需要，在指导老师的协助下，通过申请，中心随时为其开放；中心制定了实验室安全制度和突出事故应急预案，并聘请了若干学生助教协助管理中心的安全运行；中心建立了财产物资管理办法，并为每项财产物资建立了台账。

（三）　实验教学中心维护维修模式

中心管理人员非常重视设备的维护维修、功能开发和改造升级，延长了设备的使用寿命。管理人员不但随时对仪器设备进行巡查，及时登记设备情况，而且聘请了当地的专业公司每学期对相关设备进行定期检修和处理设备的临时问题，保证了实验仪器设备处于良好状态运行，设备的完好率保持在98%以上。

中心制定了维护制度，定期对实验室设备检查维护，提前排查隐患，切实保障正常的教学运行。定期对实验室电脑系统做病毒库升级和系统及软件的升级安装。保证仪器设备及应用软件、系统的突发故障在3天内解决，保障教学任务的顺利进行，同时购买保护系统，将软件大致分类安装，极大地降低了软件环境的故障率，也大大缩短了排故周期。

二、实验教学中心运行管理制度

（一）　实验教学中心运行制度

学院为强化实验建设管理，制定出台了《经济与管理学院实验教学中心主任岗位职责》《经济与管理学院实验教学中心学生实验守则》《经济与管理学院实验教学中心资产管理制度》《经济与管理学院实验教学中心安全管理制度》《经济与管理学院实验教学中心开放管理办法》《经济与管理学院实验教学中心学生上机守则》《经济与管理学院实验教学中心实验教学工作流程》《经济与管理学院实验教学中心设备控制室守则》《经济与管理学院实验教学中心教学实践研究使用守则》《经济与管理学院实验教学突发事故应急处理预案》等中心运行和管理制度。这一系列具体制度的制定，为中心的开放管理提供了制度保障，同时也促进了中心管理工作的规范化。

（二）实验教学中心管理规范

中心在不断完善相关制度的同时，严格按照相关制度加强管理，不断推进管理规范化。主要体现在：

（1）中心实验室建设管理规范，实行建设委员会审核制。各专业根据应用型人才培养的需要向中心提出实验室建设项目，中心结合学院发展的实际，拟定建设规划报学院建设委员会审核，审核通过后报学校申请立项。

（2）中心实行全天开放制。中心每天从早上 8 点开放至晚上 9 点（含周末），满足各课程实验的需要。对于学生自主实验，在提交申请进行登记后，均可免费进入相应实验室开展实验。

（3）各实验室实行专人负责制。由于实验管理人员少，因此，中心聘请ERP、旅游协会等协会骨干成员为助教，分工管理各实验室。中心管理人员负责对管理助教进行培训、监督、考核等，并根据各专业实验课程的需求统一分配实验资源，编制实验课表，负责处理日常实验教学中遇到的各种问题。

（4）加强实验教学资源归档管理。中心不仅规范了实验教学的过程管理，同时也规范了实验教学资料的管理。中心要求各实验教学实验课程结束后需将学生实验报告等资料统一上交到中心管理。同时，中心还建立了实验台账，强化了各项原始记录的登记和管理，形成了电子化的统计资料。

（5）中心拟强化实验室的智能化管理。中心建有网络化、智能化实验教学和实验管理的信息化平台，通过信息化平台实现提供实验教学资源、网上辅助教学、实验教学资源分配、实验课程建设等，以实现实验教学管理的网络化和智能化。

第三节　实验教学中心教学理念

中心根据应用型人才的培养目标，树立了"理论教学与课外开放教学及社会实践并重、基本技能培养与实践创新能力相结合、课内实验与课外开放教学及社会实践并举"的实验教学理念，以实验教学中心为平台，以大学生科研训练项目为依托，以学科竞赛为驱动，推动实验教学体系、内容、手段和方法的改革。实验教学中以基础实验、创新训练、创业训练和实习实训为内容，立足于经济管理类大学生专业能力的培养和提升、创新精神和创新创业能力的培养，以应用型人才培养为目标，开展具有综合性、开放性、可拓展性的实验教学，不断探索和完善创新型人才培养体系。

一、专业性和综合性相结合

经济管理实验教学是提升经管类专业学生专业能力的重要平台，既要具备专业性的特征，还应具备综合性的特点，进而形成全方位、系统性、立体化的实验体系，以培养学生综合运用专业知识解决实际问题的能力，提升其专业能力。

二、求实和创新相结合

求实是对已有知识的验证和重演，创新是在现有知识基础上的发展和思维创造。专业基础训练是"求实"，目的是让学生掌握专业知识和专业技能，具备基本的专业能力。实践实训是"创新"活动，目的是让学生提高运用知识解决实际问题的能力，是对其专业能力的提升。

三、学校和企业相结合

以专业能力提升为突破口，推进校企协同育人，坚持"需求导向、全面开放、深度融合、创新引领"，是人才培养模式改革的重要内容之一。经济管理实验室不但要为校企合作提供必要的场所、师资等资源，真正实现"把企业搬进校园，让教学融入社会"，而且要成为为企业提供人员培训、管理和决策服务等的重要窗口和通道，这也是高校服务地方经济发展的重要途径之一。

四、虚拟和仿真相结合

虚拟仿真实验教学是模拟真实环境的基本要素和主要特征，使学生在仿真市场环境和企业环境中，通过对市场经济活动和企业生产经营活动主要规律的把握，进行角色体验和角色分析，认识和掌握各项实际业务，运用专业知识，参与模拟企业的运作过程，进行生产经营决策，解决实际问题，及时处理企业性的各项经济业务，使企业的业务工作在实验室得以再现。学生能在模拟真实环境中实现不同业务职能、任务要求的综合集成、系统训练，根据业务内容不同，自主设置流程，确定业务规则，真正体现"真实经营"，由"模拟"向"实际"转换。

第四节　实验教学中心教学方式方法

实验教学中心经过不懈努力，在系统分析研究经济管理人才的培养目标、应该具备的基本素质和基本技能的基础上，对实验室的制度建设、实验课程设计，实验方法手段、实验数据积累等方面进行了有益探索。

一、建立了较为完善的实验课程体系

经济管理实验教学中心正式投入使用后，先后有《管理信息系统》《统计学》《国际贸易综合实验》《证券投资模拟实验》《会计信息系统》《计算机在财务管理中的应用》《导游业务综合实验》《导游实务》《营销模拟》《会计模拟实验（手工)》《会计模拟实验（电子)》《ERP 综合实验》等 30 多门课程利用实验教学中心各实验室进行实验教学。中心对开设的实验课程均要求有规范的实验教学大纲，并在每学期开学初，对每门实验课程按实验项目安排教学任务。

二、探索创新实验教学方法

(一) 课程实验教学法

课程实验教学法是针对涉及数量分析较多的课程，在教学过程中专门安排实验课时进行实验教学，理论讲授结合数据分析软件使用教学。例如，在《统计学》和《计量经济学》教学中，由于该课程涉及的数学和统计理论较深，数据海量，仅课堂教学不能使学生对该课程的内容认识从感性升华到理性，而对于学经济、管理的学生来说，他们毕业后更多的是应用，将这些统计分析用来分析经济问题，可见实验课对于该课程的教学效果是十分重要的。在实验课中，学生可以将调查得来的数据，结合现代统计分析方法的理论，利用实验室提供的统计分析软件 SAS、SPSS 和 Eviews 等完成复杂的运算，并得到看得见的、可进行深入分析的结果，这就需要依托实验室来完成上述的教学环节。实验室所提供的软硬件设备给《统计学》和《计量经济学》课程教学改革提供了一个极好的实践平台，使课堂理论教学和实验课实践教学互补。

(二) 项目实验教学法

实行项目实验教学，既要求学生灵活运用所学专业知识，又要求学生思路开阔、具有一定创新能力，既起到了衔接理论与实际的作用，又增强了学生处理实际问题的能力。另外，学生通过实践环节的角色扮演和参与，其潜质得到充分发挥，协作能力得到锻炼，团队意识也得到增强。这种教学模式受到了同学们的普遍好评，也取得了良好的教学成果，如《市场营销调研》课程，应用项目教学方法让学生对恩施"女儿城"游客的消费特点进行调研，通过对调研项目的设计、操作及调研项目收集的数据，在此基础上学生自己利用SPSS 等数据分析软件完成有关设计项目的数据分析工作，这对训练学生的综合能力、积累解决问题的经验、提高实际操作能力都是非常有效的手段。

（三）现场模拟实验教学法

教学中采用现场模拟实验教学的方式，让学生对教学内容有更为生动的感触，以利于调动学生学习的积极性和参与性，增强学生走向社会后的适应性。例如，在《证券投资分析》课程中，教师利用证券投资技术分析软件在实验室模拟证券投资实战环境，为学生营造了一个良好的学习环境，将证券投资分析的理论与中国证券市场的实际紧密结合起来，有效地调动学生学习的积极性和参与性，培养和提高学生分析实际问题的能力，学生的参与性和学习的积极性得以充分表现，成为全校选修人数最多的课程之一。

再如，经管类跨专业综合实验教学，就是虚拟仿真真实的商业社会环境，通过对真实商业社会环境中典型单位、部门与岗位的系统模拟，让学生体验身临其境的岗前实训，认知并熟悉现代商业社会内部不同组织、不同职业岗位的工作内容和特性，从而培养学生从事经营管理所需的综合执行能力、综合决策能力和创新能力，使其具备全局意识和综合职业素养。

（四）创新实验室开放方式，鼓励和吸引学生参与实验活动

以学科竞赛带动学生进实验室参加实验培训和从事实验活动。经济管理实验教学中心各实验室每年举办了"ERP沙盘模拟经营大赛""导游大赛""旅游营销策划大赛"等校内一系列比赛，支持学生参加全国大学生"用友杯"沙盘模拟经营大赛、湖北省导游大赛、"用友杯"全国大学生信息化技能大赛等，为学生借助软件、利用专业知识提高解决实际问题的综合能力，也提供一个充分展示自己才华的舞台，充分利用学生竞赛吸引和带动学生广泛参与实验活动。

成立ERP协会，以协会骨干成员为依托，不定期地组织会员开展培养、演练等，让更多的学生以会员方式有组织地参与实验活动；以协会骨干成员为依托，参与实验教学中心的管理与维护；以协会骨干成员为依托，协助教师的相关专业实验课教学，起到辅教作用。

三、引入多种先进教学手段辅助实验教学

为提高实验教学效果与效率，除利用传统的实验方式进行实验教学外，还采用物理沙盘、电子沙盘、计算机网络、课程中心、CAI 等现代化教学手段，使学生无论在课上课下、校内校外都能参与到实验中来。

运用上述多样化的实验教学手段，我们在实验教学方法方面进行了以下创新：

一是转变教师角色，使其从以讲授知识为主，转变为以策划教学内容、创设学习情境、配置学习资源、引导学习方向、点拨学习疑难、监控学习过程，评估学习效果为主，从台上的主角转变为台下的导演，在实验教学中起到主导作用。

二是倡导自主式学习，使学生从知识的被动接受者转变为学习问题的探究者，使其学习内容不仅来自课堂与教师，还来自图书馆，来自网络，来自其他学习伙伴。

第五节 "互联网+"创业孵化教育平台

加强大学生创业教育，引导大学生创业，不但成为各级政府关注的重要问题，而且也是高校人才培养改革的重要方向和内容。但是，创业教育体系是个社会化的系统工程，大学生仅有创业激情，受制于多种条件的制约，很难实现其既定目标。目前，大学生创业的比例很低，因为：一是创业文化的缺失，社会普遍缺乏对大学生创业的认同，各种社会力量还未形成对大学生创业的支撑合力；二是高校没有形成系统科学的创业教育体系，大学生缺乏创业的知识和能力；三是大学生创业实践平台欠缺，虽有政府或企业主导建立的少数大学生创业园、创业孵化基地等，但学生受益面小且与高校的创业教育并未形成完整的无缝对接，同时，大多高校实验教学仍然以虚拟仿真为主，没有构建起创业孵化平台。

一、"互联网+"创业孵化教育背景分析

（一）国家经济实力的提升增加了对地方高校教育的投入

近几年来，随着地方高等教育事业的快速发展，教育质量和办学水平的提高，地方高校已成为我国高等教育事业的重要组成部分，并在促进国家科技进步、培养高素质人才、服务地方经济社会发展，以及推进全国高等教育大众化进程等方面起到越来越重要的作用。财政部根据国家中长期教育改革和发展规划纲要精神，从统筹全国高等教育发展的高度出发，完善中央财政对地方高校发展的支持政策，探索和建立保障有力的地方高等教育投入新机制。在政策上有三大调整：一是扩大了支持范围；二是拓宽了支持方向；三是增加了支持资金额度。这些对地方高等教育投入增加的政策调整，给地方高等教育的发展提供了良好的发展政策，也给学校建设创业孵化中心提升学生创业能力提供了良好的发展机遇。

（二）国家对大学生创新创业培养的重视

2010年5月13日，教育部专门成立高等学校创业教育指导委员会，对高校开展创业教育进行指导、咨询。《国家中长期人才发展规划纲要（2010~2020)》提出"创新人才培养模式，建立学校教育和实践锻炼相结合、国内培养和国际交流合作相衔接的开放式培养体系。探索并推行创新型教育方式方法，突出培养学生的科学精神、创造性思维和创新能力""继续加大对创业孵化器等基础设施的投入，创建创业服务网络，探索多种组织形式，为人才创业提供服务"。

2015年5月4日，国务院办公厅印发《关于深化高等学校创新创业教育改革的实施意见》（国办发〔2015〕36号），对未来5年高等学校创新创业教育给出了明确目标，到2020年建立健全课堂教学、自主学习、结合实践、指导帮扶、文化引领融为一体的高校创新创业教育体系，人才培养质量显著提

升，学生的创新精神、创业意识和创新创业能力明显增强，投身创业实践的学生显著增加。在"主要任务和措施"中，要求全面深化高校创新创业教育改革，强化创新创业实践，利用各种资源建设大学科技园、大学生创业园、创业孵化基地和小微企业创业基地。

2015年6月18日，国务院办公厅印发的《国务院关于进一步做好新形势下就业创业工作的意见》（国发〔2015〕23号），将"支持举办创业训练营、创业创新大赛、创新成果和创业项目展示推介等活动，搭建创业者交流平台，培育创业文化"作为重点任务之一。《教育部关于做好2016届全国普通高等学校毕业生就业创业工作的通知》（教学〔2015〕12号），要求加快推进创新创业教育改革，要把提高教育质量作为创新创业教育改革的出发点和落脚点，根据人才培养定位和创新创业教育目标要求，促进专业教育与创新创业教育有机融合；要建设和利用好大学科技园、大学生创业园、创业孵化基地、大学生校外实践教育基地等创新创业平台。

2015年7月26日，湖北省人民政府发布《关于做好新形势下就业创业工作的实施意见》（鄂政发〔2015〕46号），深入实施大学生"就业促进计划"和"创业引领计划"，重点推进科技企业孵化器、大学生创新创业基地、留学人员创业园、回归创业基地、创业见习实训基地等众创空间建设，并鼓励和支持网络创业。

可见，各级政府都十分注重大学生创新创业能力培养，提升大学生的创新精神、创新意识和创业能力。这不但需要将创新创业教育课程纳入整个人才培养过程之中，而且需要建立针对大学生的创业教育平台，强化创业实践。

（三）国家促进互联网共享共治推动大众创业万众创新的行动计划

2015年3月5日，十二届全国人大三次会议上，李克强总理在政府工作报告中提出"互联网+"行动计划。2015年7月，国务院发布《关于积极推进"互联网+"行动的指导意见》，意见明确了"互联网+"的十一个重点行动领域，在"加强智力建设"中提出，实施产学合作专业综合改革项目，鼓励校企、院企合作办学，推进"互联网+"专业技术人才培训；深化互联网领域产教融合，依托高校、科研机构、企业的智力资源和研究平台，建立一批联合实训基地；建立企业技术中心和院校对接机制，鼓励企业在院校建立"互联网+"研发机构和实验中心。

（四）学校长期坚持以提高实践创新能力为目标的应用型人才培养模式

学校长期积极探索专业人才培养模式改革，十分注重学生实践创新能力培养，确立了"理论教学与课外开放教学及社会实践并重、基本技能培养与实践创新能力相结合、课内实验与课外开放教学及社会实践并举"的思路，以实验教学中心为平台，以大学生科研训练项目为依托，以学科竞赛为驱动，推动了创新教学体系、内容、手段和方法的改革，获得了一大批学生创新成果，为推动创业教育奠定了坚实的基础。

二、"互联网+"创业孵化教育平台目标

为鼓励和引导大学生自主创业，建设"互联网+"创业孵化教育平台，为大学生创业教育打造实践平台和创业场所，提供创业培训、创业指导、项目推介、融资支持、网络信息等创业服务，实现创业带动就业、提升人才培养质量的倍增效应。平台包括创业项目管理平台、创业项目研发平台、创业项目实践平台，延伸电子商务和衍生电子商务培训、设计、营销等，培养创业团队，集经济、管理、信息技术和法律等多学科，有效地整合校内外资源，实现学校和社会各领域要素资源聚集、开放、共享和高度融合。对大学生的参与型创业项目、创意型创业项目、指导型创业项目、自住型创业项目，按项目评审、创业准备、角色培养、沙盘推演、项目研发、企业评估和实践等复合型、迭代式的实践环节来整体提升创业团队软实力，保障项目孵化成功。创业孵化中心的建设，不但使以培养学生创新创业能力为核心的实践教学体系得以完备，进而推动应用型人才培养模式改革和转型发展，构建完善的创业教育体系，而且通过校企、校政联动和创业孵化中心的推动与示范，还可以引导大学生创业从而带动就业，极大地促进地方经济社会发展。

三、"互联网+"创业孵化教育平台内容

平台以营造大学生创业的良好环境，为大学生创业教育打造实践平台和创业场所，提供创业培训、创业指导、项目推介、融资支持、网络信息等创业服务，协助落实各项优惠扶持政策，鼓励和扶持大学生自主创业，实现创业带动就业、提升人才培养质量的倍增效应。同时，以"互联网+"创业孵化教育平台为依托，改革人才培养模式，开发创业培训课程，建设创业双师型队伍，校企、校政协同联动，构建较完整的经济管理类创业人才培养体系。"互联网+"创业孵化教育平台由五个实体平台构成的"互联网+"创业孵化教育平台：①集中管控平台；②创业培训平台；③创业项目评审平台；④创业项目研发平台；⑤创业项目实践平台。具体如图7-2所示。

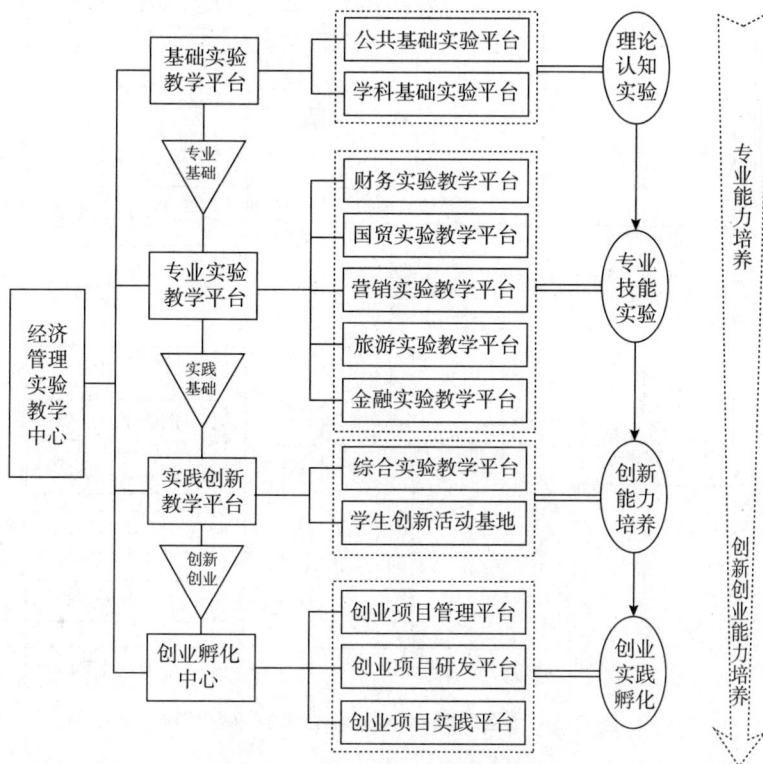

图7-2 经济管理实验教学体系

　　"互联网+"创业孵化教育平台是经济管理实验教学体系中现有教学平台的延续,与基础实验教学平台、专业实验教学平台、实践创新教学平台共同构成了完整的实验实践教学体系。"互联网+"创业孵化教育平台的基本思路与设想如图7-3所示。

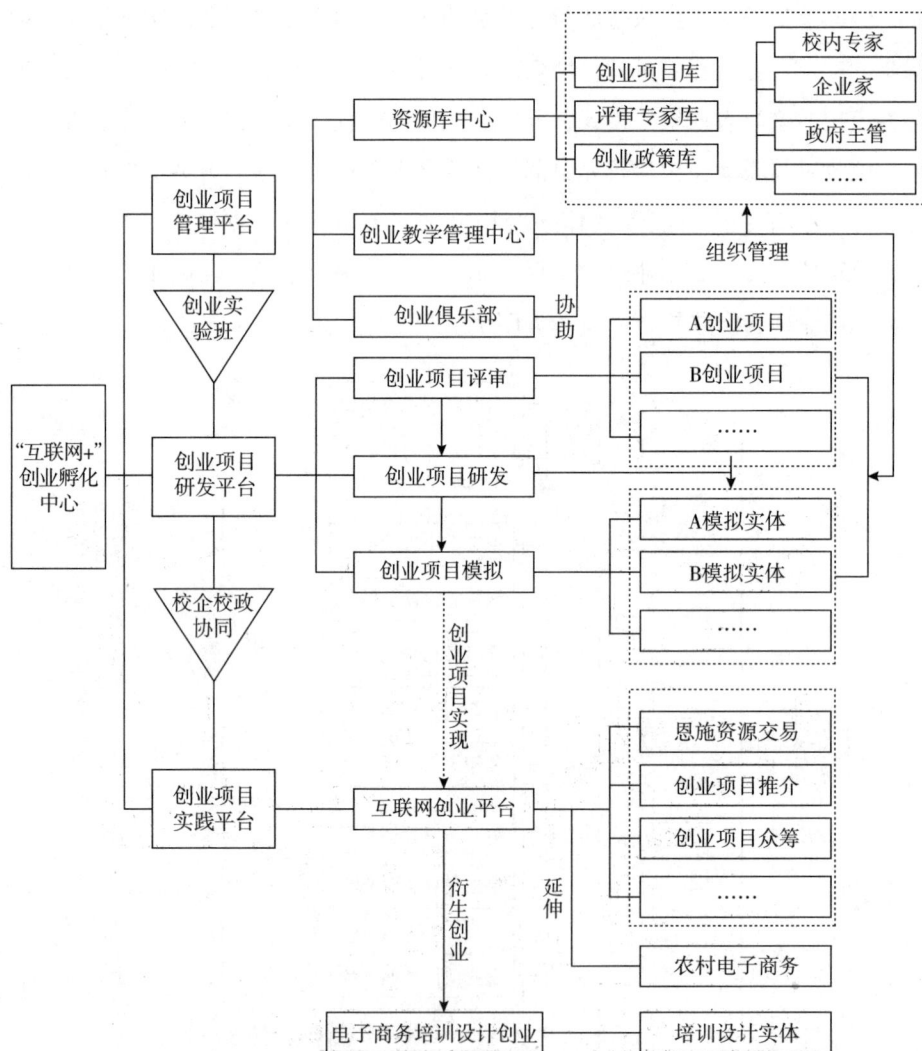

图7-3 "互联网+"创业孵化教育平台架构

"互联网+"创业孵化教育平台由创业项目管理平台、创业项目研发平台、创业项目实践平台三大部分构成。

（一）创业项目管理平台

创业项目管理平台的主要功能是创业孵化中心的资源建设和组织运行管理，设立创业教学管理中心和创业俱乐部。其中，创业教学管理中心负责创业孵化中心的日常运行管理、组织创业项目评审、创业项目资源库建设、指导创业俱乐部、安排创业实验班教学等；创业俱乐部是学生社团组织，在创业教学管理中心的指导下，协助创业教学管理中心的工作、监督创业团队的有效运行、维护互联网创业平台等。

资源库中心是创业者实现创业的重要资源之一，主要包括创业项目库、评审专家库和创业政策库。创业项目库由大学生创新项目、创业大赛、创业者自主申报等来源建立，项目库中的项目通过专家评审后方能进入创业研发阶段；评审专家库由学校专家、企业家或高管、政府有关部门专家等组成，主要负责从创业项目库中评审出有市场前景、能实施的项目进入实际创业阶段，企业家或高管、政府有关部门专家也可以指定资助项目或联合创业者，直接进入创业项目研发阶段；创业政策库是收集汇总国家和地方相关部门关于大学生创业的支持政策，包括税收、融资等方面，并适时更新。

（二）创业项目研发平台

创业项目研发平台主要完成创业项目评审、创业项目研发、创业项目模拟。创业项目评审是评审专家对申报的创业项目，按照确定的标准遴选出可以进入孵化中心的创业项目，并对创业项目提出完善的建设性意见。创业项目研发是创业者根据其创业项目设计，开展实质性的创业工作，完成创业项目实际运行的前期研发工作。创业项目主要有四种类型，其研发方式也有所差异：一是参与型创业项目，由企业提供适合大学生自身的创业项目及产品，借助孵化中心互联网平台或其他平台，由创业者自己开脱市场；二是创意型创业项目，大学生提出自身创意设计，经创业团队开发研发，既可以是自己实现创意设计，也可以将创意设计转让给企业或与企业共同实现创意设计，进而实现其创业目标；三是指导型创业项目，由企业、政府、孵化中心或创业导师提供创业项目来源，并指导大学生完成创业项目；四是自主型创业项目，创业孵化中心指导老师给予大学生指导与培训，创业者最终形成实体性经营。创业项目模拟是创业项目研发成功后，将创业项目进入实质性运行的阶段，即相当于企业初创期。

为了给创业大学生提供必要的知识和技术支持，提高创业项目孵化成功率，对进入创业项目研发的创业团队成员，按创业虚拟实验班的形式开展创业课程教学和组织管理。对创业实验班按需求导向，实施开放性、动态式的创业课程教学和师资配备，即由各创业团队根据其创业内容的需要，向创业教学管理中心提出知识和技术需求，中心对这些知识和技术予以整合后，开设出对应的创业课程，并根据创业课程内容配备校内外适宜的教师，采取培训、讲座、讨论、演练等多种针对性的教学方法。

（三）创业项目实践平台

创业项目实践平台是大学生创业项目从研发转为实际运行，实现其创业目标的重要通道和平台，主要依靠孵化中心搭建的互联网创业平台完成。互联网创业平台拟实现以下功能：一是恩施州特色资源交易，即通过大学生创业项目的实施，将恩施州特色资源逐步集中到互联网创业平台，孵化中心组建创业团队开展互联网创业平台的营销，与本地相关政府部门合作，打造成类似于宜昌市淘三峡、义乌市小商品批发市场等的电商平台；二是创业项目推介，即对于研发成功的创业项目或创意设计等，通过互联网创业平台向社会和企业推介，寻求创业合作者或资源、技术提供者；三是创业资金众筹，即通过互联网创业平台，以众筹方式为大学生创业项目的实质运行筹措资金；四是其他，即随着孵化中心创业教育的深化和大学生创业者需求的增加，互联网创业平台的功能随之适时拓展。

以互联网创业平台为基础，鼓励大学生开展农村电子商务创业，通过网络平台嫁接各种服务于农村的资源，拓展农村信息服务业务、服务领域等，这是互联网创业平台的延伸。同时，孵化平台对互联网创业平台进行维护、管理、营销的创业团队，也可以开展以基于电子商务的设计、培训、营销为内容的创业，为企业电子商务、网上商铺等提供服务，这是基于互联网创业平台的一种创业衍生。

四、"互联网+"创业孵化教育平台持续性影响

（一）持续地为武陵山区社会经济发展培养高素质应用型人才

培养人才是高校的主要职责，也是高校为地方社会经济发展服务的最基本、最主要的形式。我国地域辽阔，地区间经济发展极不平衡，经济相对发达的东部沿海地区已进入了工业化的中后期，而经济欠发达的武陵山区才进入工业化的初期。加快武陵山区经济发展不但是地区间和谐发展的需要，也是国家西部大开发政策的体现。沪蓉高速公路与宜万铁路的开通，为武陵山区经济发展带来了契机，同时也提出了对高素质应用型人才的需求。湖北民族大学地处湖北省西部山区，是湘、鄂、渝、川、黔五省市交界的武陵山区唯一的一所民族高等学校，理应肩负着为湖北省及周边省市民族地区培养具备实践创新能力的高级专门人才的重任。"互联网+"创业孵化中心的建设，为培养学生创新创业能力奠定了坚实的基础，适应了武陵山区社会经济发展对高素质应用型人才需要的现实。

（二）有效整合资源达到各要素的最大契合度

《国务院关于积极推进"互联网+"行动的指导意见》在"重点行动"中提出"互联网+"创业创新，要求充分发挥互联网的创新驱动作用，以促进创业创新为重点，推动各类要素资源聚集、开放和共享，大力发展众创空间、开放式创新等，引导和推动全社会形成大众创业、万众创新的浓厚氛围。"互联网+"是互联网的创新成果与经济社会各领域深度融合，推动技术进步、效率提升和组织变革，提升实体经济创新力和生产力，形成更广泛的以互联网为基础设施和创新要素的经济社会发展新形态。加快推进"互联网+"发展，有利于重塑创新体系、激发创新活力、培育新兴业态和创新公共服务模式，对打造大众创

业、万众创新和增加公共产品、公共服务"双引擎",主动适应和引领经济发展新常态,形成经济发展新动能,实现中国经济提质增效升级具有重要意义。

"互联网+"创业孵化教育平台,以"互联网+"为平台和中心,以创业教育为切入点,以校企、校政联动为纽带,建立创业孵化中心,培养创业团队,集经济、管理、信息技术和法律等多学科,有效地整合校内外资源,实现学校和社会各领域要素资源聚集、开放、共享和高度融合,既可以利用现有理工科的产学研成果进行市场化,也可以通过选择校外企业来填补,而公司运营、市场营销、平台建设、体验创新、创意设计等又是经管类专业学生创业实践的优势环节。

(三) 有力地推进创新创业人才培养的改革

项目孵化和创业人才培养是"互联网+"创业孵化教育平台的基本功能。孵化中心为创业者提供系统的创业教育,而且创业者可以在中心进行创业实践,通过真实的创业活动,使他们的潜能得到进一步的开发。因此,这会促使应用型人才培养模式的改革,以及创业课程开发、创业导师培养、教学方法和手段改革等系统配套措施与政策的改变,进而大大提高大学生创业必需的身心素质,如就业观念教育、市场机制教育、创业风险教育、法律法规教育、商务技能培训等。通过孵化中心这一载体的教育,使大学生不仅敢于创业,而且善于创业,大大增强了创业的决心和信心,从而激发出他们创业的潜能。

第六节 实验教学中心信息化建设

一、教学信息管理平台运行情况

学校很早开始就建立了数字化校园的统一认证,实现了统一身份管理。学校信息技术中心有专业负责校园网的安全运行、管理和维护。网络中心购置了防火墙、IPS、Web 防火墙和杀毒软件进行安全和病毒防护。

　　中心各实验室拟实现每台计算机与校园网相连，并直接接入 Internet。所有的网络资源拟集中安装在中心的服务器上，并为师生提供 FTP 服务器、远程终端服务器、教学资源服务器、网络监控服务器、智能化管理服务器、应用软件服务器、教学管理服务器等网络资源，其中，FTP 服务器为师生提供校内外文件存储服务，每个实验室提供多媒体投影和网络多媒体教室软件。中心的网络服务拟实现 24 小时开机，向全校师生提供服务，部分服务器拟采用端口映射的方式直接在互联网上提供服务。通过信息化和智能化的管理系统，高效地将各实验信息管理系统、网络教学平台、各类实验教学数字资源、中心网站等整合，从而达到所有计算机均可通过网络共享各种资源。具体如图 7-4 所示：

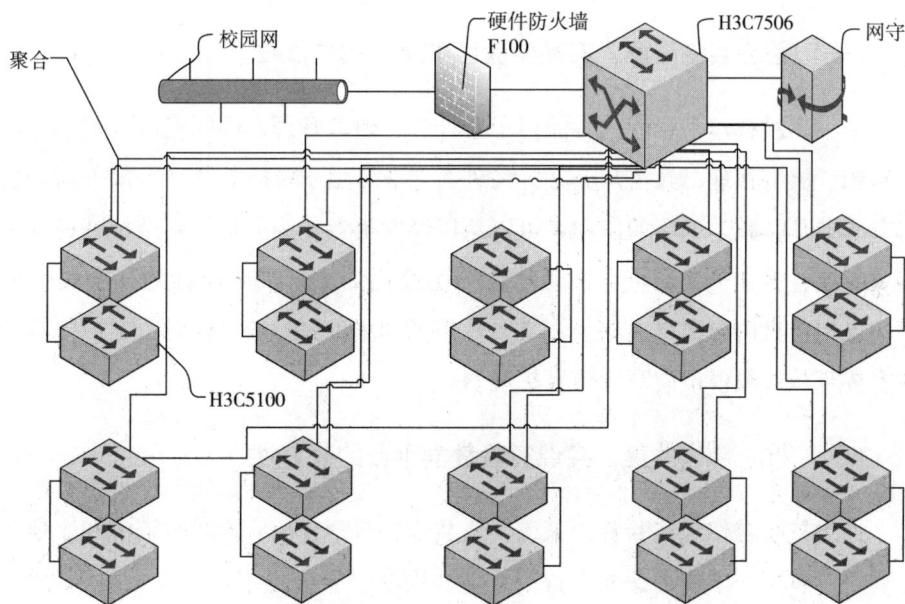

图 7-4　经济管理实验教学中心网络拓扑图

　　中心还拟充分利用现代化技术手段和学校现行的"一卡通"系统，实现"一卡通"式的实验教学智能化管理，通过管理软件运行实行实验课的预约、学生上网控制、软件使用控制、智能化分配实验室等，学生使用电脑均要使用个人的"校园卡"账号和密码登录，能有效阻止账号被盗用。系统通过自动记录个人账号的使用情况，做到有据可查。中心的所有实验室和通道拟安装红外线摄像头，将1个月左右的录像保存在监控服务器上，并配备无线红外线报警系统直接与学校保卫处值班室相连，以保证各实验室教学活动的正常开展和实验中心的安全。

二、实验教学中心信息化建设措施

中心实验教学平台以开放、共享、集约为理念，采取校企共建共受益的可持续发展模式，能满足多地区、多学科专业实现实验教学资源共享，具有良好的扩展性、兼容性及前瞻性等功能。

（一）整合实验资源，实现实验教学平台的扩展性

中心实验教学平台的内容涵盖了会计学、财务管理、国际经济与贸易、市场营销、旅游管理、经济与金融等经管类专业。由于实验教学平台的不断开放与资源共享，教学平台的使用者可以从以经管类专业为主扩展到全校其他各个相关专业；教学平台还可以实现从以校内使用为主扩展到全面为社会提供服务；虚拟仿真内容也可以从经管类专业扩展到理工科专业；同时，虚拟仿真的内容逐步从一般模拟向高度仿真扩展。

（二）校企合作共建，实现实验教学平台的兼容性

通过校企合作对实验资源采取共享共建，将学校的实验教育资源和企业的各种资源整合，学校把课堂设置到企业，同时，企业把工作内容放置到学校；让学生在企业生产经营过程中进行实习，同时让学生把企业的工作内容搬进实验中心；学校培养的专业人才与企业所需的技能人才能够兼容，学校的专业实践内容与企业的工作内容能够兼容，学校的实践改革发展与企业所需要技术的发展方向能够兼容；中心提供共享式平台，各专业可以根据专业需要自由搭建

实验项目。

（三）优化教学管理，创新实验教学平台管理模式

中心除满足直觉的教学实验要求外，还建立了完善的实验中心开放管理机制和学生实验辅助教学管理机制。中心充分利用 ERP 协会和旅游协会两个专业学生社团，让其骨干优秀成员参与到中心的管理和实验辅助教学，并利用中心的资源经常性开展培养、模拟对抗等活动，培养骨干梯队。中心建设了信息平台，通过网络平台进行信息发布、互动交流、成绩评定、成果展示等功能。此外，中心正在积极筹划实验课程教学改革，通过微课的形式，建立实验教学的课程平台，将实验要求、实验内容、实验操作流程等通过视频共享在中心信息平台中，让学生在进入中心实验前即能自主学习，以增加学生实际实验操作的时间。

第七节　实验教学中心教学质量保障机制

实验教学中心建立了完善的实验教学质量保证体系，具体体现为：

一、建立机构，健全制度

学校教务处、实验室建设和管理处作为学校实验教学管理机构，在主管教学的副校长领导下，负责制定学校实验教学管理规定，对实验教学建设、管理、实验教学师资培训等重大问题进行研究、咨询，提出建设性意见。

实验教学中心全面负责中心的规划、建设、管理与服务；负责实验中心的实验队伍建设，培训实验室建设与管理服务团队；负责实验实践课程的教学质量监控；负责完成实验实践课程的教学改革与建设、实验实践教学研究等项目的相关服务工作，承担专业建设、课程建设、教材建设、实验室建设等工作领

域的相关服务工作；负责开展实验室建设与管理研究；负责实践中心与社会各领域的合作与服务；负责对中心管理人员、实验教师教学的管理和监控。

学院设立的教学建设与督导委员会是学院实验教学工作的决策咨询和督导机构，开展实验教学质量保证与监控工作，指导、协调各实验室的实验教学质量保证工作，并对各实验室实验教学的开展情况进行定期评估。

二、加强教学质量监控

为确保实验教学质量，学校明文规定，实验课程质量检查工作由学校教务处和教学质量评价中心组织实施，采用实验课现场检查、学生填写实验课相关调查表和教务处与实验课指导教师代表座谈相结合的方式进行。通过对质量检查项目调查和统计，最终确定质量检查结果。

第一，学校教务处和教学质量评价中心选派实验教学测评专家到实验课堂上，跟踪部分实验过程，对照测评指标进行测评。

第二，实验课程结束后，由学生对课程和实验教师进行测评，通过该测评，了解学生对本实验课的评价。主要包括实验课使用素材、指导教师的工作情况及实验效果等。

第三，学期期中、期末，学校教务处和教学质量评价中心有计划地安排时间，组织各实验课教学单位的实验指导教师代表进行恳谈会，了解信息、反馈情况。

通过全面的制度建设和严格的制度执行，已经形成了能够科学合理地鼓励教师积极投入、改革创新实验教学，不断提升实验教学水平的机制。

三、建立实验教学中心队伍培养培训制度

中心立足于学科发展和课程建设需要，充分认识到实验教学队伍建设是实验教学的关键，对实验教学队伍建设制定了详细的规划及相关政策措施，主要包括：

（一）创新实验教学师资队伍建设模式

积极探索"学科专业实验教学团队+跨科学专业实验教学团队+技术管理队伍"的"三位一体"实验教学师资队伍建设模式。各专业根据专业实验教学需要，组建学位专业实验教学团队，并实行动态调整。根据学科平台实验课程和学科竞赛的需要，构建跨学科专业的实验教学团队。实验管理与技术队伍则保证中心的技术维护和正常运行的管理，并利用 ERP 协会骨干成员的力量协助管理。

（二）校内实验教师的转化和培养

在校内倡导教师从事实验教学，并对愿意从事实验教学的教师提供转化机制和相关的进修和培训、培养，尽可能地利用现有师资资源。

（三）广泛开展横向、纵向合作

推行"走出去、引进来"的师资交流方式。深化与校外实习基地及其他企业的合作，聘请来自行业企业的实验兼职教师。委派专业教师轮流参与到企业生产工作实践中，培养教师的实践能力，提高教师实践教学水平。

（四）制定相关激励政策，鼓励教师实验教学研究

实验教学师资的形成是一个长期的过程，在倡导从事实验教学的良好风气和氛围，并在经费投入、实验条件建设、实验技术人员配套、实验室运行管理等多方面为教师创造更加良好的条件和环境，吸引教师参与到实验教学中，带动学生参与到实验中。

第一，建立实验教学资助基金。从事实验课程的教师可根据课程需要申请实验教学基金用于实验课程研究和建设。

第二，加强实验教学研究和实验教学改革。鼓励教师从事实验教学研究和教学改革，每年立项一些实验教学方面的课题，并在其基础上形成更多的优秀教学成果奖。

第三，资助实验教师编写实验教材和指导书。鼓励教师根据课程建设需要编写实验教材和指导书。中心通过实验课程建设经费或者实验教材建设基金等办法对实验教材的编写和出版予以资助。资助额度根据教材的独创性、面向学科对象等具体情况决定，对学院重点建设的实验课程予以优先资助。

第四，鼓励教师参与课外实验指导。鼓励教师参与学科竞赛、大学生创新创业训练计划项目等课外实验指导。对从事课外实验指导的教师根据实际工作情况和工作时间，予以核定一定的工作量并给予相应的补贴，优秀的还给予一定的奖励。

第八章 地方综合高校经管类专业实验教学研究与实践

伴随着高等院校教育的迅猛发展，高等院校教育也正逐步向更加注重素质与能力培养的方向发展，人才培养的目标也由过去的知识型向具有创新精神、创造能力和创业精神的"三创"复合型高素质人才转变。随着实践教学改革不断深化，各学校相继建立了一系列实验室，实践教学质量不断提高，在培养高等综合性人才素质"三创"人才中发挥了积极的作用。从另外一个角度看，近几年来，大多数学校实验室建设是以自身专业为依托，独立建设，分散实施，目的是解决专业教学计划中所开设课程的实验课，实验室建设在一定程度上满足了各专业的独立教学，增加了验证性质的实验内容。但是，传统的实验教学确存在实验教学内容、手段、方法与企业经营的实际脱节，未能体验能力导向的人才培养路径，学生不能学以致用。在实验教学中，实验实训形式单一，很多脱离商业实际工作的职业环境，对学生综合素质和职业能力培养的力度不够；实验的内容是事先给定的，实验步骤也是固定的，学生在实验过程中往往按部就班就可以得到最终结果，但当外部条件发生改变时，学生则不能随机应变提出解决方案；传统实验目的主要在于巩固知识及专业操作技能，忽略了道德、人格、综合素质和能力等方面的积淀和训练，实验的定位也限制在了实验课程的内容设计和知识的综合上，在沟通能力、团队意识、职业道德等方面的实训严重不足，这样的人才很难适应经济管理领域的职业需要和现代社会发展的需求。

第一节　经管类专业实验教学的发展

我国经济发展模式的转型与现代企业制度的建立迫切需要高素质、多样化、复合型的高端经管类人才。地方高校中偏重知识传授的传统教学模式显然已难以适应这一需求。所以经管类专业需要打破旧有社会科学人才培养模式，引入实验、实习教学，将学校教育与社会需求衔接，能力培养和知识内化并重，开放教育与实验教学结合，构建一套贯穿学科基础、专业基础、专业综合、学科综合和创新能力的实验教学体系与教学模式。这一改革思想已然成为我国地方高校教学改革的主导思想。在这样的背景下，实验教学也在发生着根本性变革。

一、理论教学实验化

经济管理类专业的实验教学是运用现代教育技术改变过去教学方式中的课堂演示型、专业训练型、课外检索阅读型的单一模式，形成开放性、自主式的教学方式，培养学生运用理论知识解决实际问题的能力，提高学生对现实问题的洞察力、判断力、处理能力、创新能力等。

理论教学实验化的概念最早是由美国著名经济学家、2002 年诺贝尔经济学奖获得者弗农·史密斯于 20 世纪 80 年代提出。他和其他一些学者经过 10 多年的努力，在加州理工学院、亚利桑那大学、波恩大学等形成了若干实验经济学的重镇，使在 20 世纪 80 年代还颇为流行的"经济学不可能成为一门实验科学"的错误认识逐步廓清。实验室的建设带动了美国经济学科更快的发展，较早地采用实验教学的方式为美国经管学科的世界领先地位奠定了坚实的基础。

20 世纪 90 年代中期，我国高校经管类专业开始逐步引入实验教学形式。

1994 年，中国人民大学建立了国内第一个经济学科实验室，之后全国大部分设立经管类专业的高校都设计了相应的实验教学环节，经管类实验中心的建设呈现出蓬勃发展的态势。近年来，实验教学的应用逐步改善原来纯理论教学导致学生动手实践能力差、缺乏创新性的不足，推动了经管类专业对学生运用理论知识解决实际问题能力的培养模式的发展，大大提升了学生创新性能力的培养。但较之国外创新的商科教学模式、先进的实验教学人才培养机制，我国的经管类实验教学仍有待加强。

二、实验教学综合化

随着学科的发展，经济管理类专业之间也呈现出不断交叉、渗透与融合的发展趋势。与此相适应，经济管理类实验教学也应以学科建设为依托，遵循人才培养的成长规律，适应科学技术发展的规律和趋势，经管类实验教学也必将步入交叉、协作、融合、协同之路。传统的实验教学模式多为演示性、流程性的，能培养学生实事求是的科学态度，掌握实验基本技能和提高动手能力。不足之处是循规蹈矩，不利于主动性和创造能力的培养。综合性实验是让学生综合运用所学知识去处理问题，设计性、创新性实验是让学生在遵循基本的理论知识及实验要求的基础上自由发挥。社会需要具有较强创新精神和实践能力的高素质人才，这就要求实验室在发展中，在演示性、流程性实验的基础上，开设更多综合性、设计性实验项目。经济管理类实验的综合性、协同交互、资源共享、实验过程与结果不确定、实验要求高等特点，无疑将推动经济管理类各专业的不断发展与新专业的诞生。

三、实验教学仿真化

所谓实验教学仿真化就是将仿真技术应用到实验教学中，从而增加实验教学的真实性、实践性、趣味性以及互动性。商科类的仿真教学是用计算机或设计的场景来模拟真实管理活动或社会现象，学生模拟扮演某一角色进行技能训练的一种教学方法。仿真教学能在很大程度上弥补客观条件的不足，为学生提供近似真实的训练环境，提高学生职业技能。仿真教学是近10年来发展起来的并且越来越受到人们重视的新方法。仿真教学的应用十分广泛，从自然科学、经济管理科学到工程技术的许多学科教学中都可以采用。随着多媒体技术的发展，仿真的效果更是令人叹为观止。

仿真教学不仅是一种新的教学方法，也是一种将理论与实践相结合的新教学手段，更是未来智能化教育的基础，是一种新的科学研究手段，为本科生、硕士生、博士生以及专业教师提供了一个教学和研究的平台，延展了创新的想象空间，必将在未来的智能化教育领域中取得重大的发展，成为现代教育的基础。鉴于此，国外商科院校创新式地提出了校内实习的思路，要求院校搭建仿真的环境与模拟企业真实的业务，让学生在校内实习就能感受到真实的工作环境和业务流程，在一定程度上解决商学院学生实习困难、实习效果不好的问题。这种仿真既要求在实训环境上具有仿真性，也要求在业务模拟和流程上具有高仿真性。

四、教学科研一体化

目前，国内外一流大学的成功经验是突出科学研究在人才培养中的重要性，强化教学和科研的协调统一，积极推进教师教研一体化，努力推动学生学研一体化，学校把教授作为教学一线的主力军，要求教授积极从事科学研究的同时，保证在教学上投入足够的精力，在理论教学和实验教学中融入科学研究的内容、思想和方法。这样，一方面提高了学生的学习兴趣，丰富了教学内容，另一方面弥补了知识更新快、教材内容滞后的缺陷，使学生不仅学习到相关学科的前沿知识，更重要的是掌握科学的学习方法，使学生养成研究探索的习惯，努力在校园中形成一个追求真理、崇尚学术研究的良好氛围。实验室是教学和科研相结合的基础平台，要提升高校教学和科研结合的水平，必须加大商科实验室建设的投入，加强科研工具的配置，推动科研与教学相结合的产出。

五、校企合作紧密化

校企合作是实现"把企业搬进学校"梦想的重要举措，商科类专业的实验教学应以企业真实的管理信息系统为基础，以符合学校教学需要的完整实验课程体系为依托，以建设经管实验教学中心、特色专业、企业实训平台等为手段。可通过共同制定人才培养方案、共同开发和编写教材、共同承担专业课的理论和实验教学、共同组织学生实习、共同推荐学生就业和共同开发教研产品六个层面，共同培养"金手指"（具有较强的动手能力）的学生和"双师型"（具有丰富理论教学经验和企业实际工作技能）的教师，学校和企业合作不但可以促进学校理论教学与企业实际应用的交流，为实践教学带来最新的技术和观念，也为学生提供了更多的学习和实践机会，并且共享资源，同时为企业培养了大批"量身定做"的人才，满足了企业对人才的实际需要，为双方带来经济与学术效益，真正实现学校和企业的双赢或多赢。

虚拟仿真实验教学是模拟真实环境的基本要素和主要特征，使学生在仿真市场环境和企业环境中，通过对市场经济活动和企业生产经营活动主要规律的把握，进行角色体验和角色分析，认识和掌握各项实际业务，运用专业知识，参与模拟企业的运作过程，进行生产经营决策，解决实际问题，及时处理企业性的各项经济业务，使企业的业务工作在实验室得以再现。学生能在模拟真实环境中实现不同业务职能、任务要求的综合集成、系统训练，根据业务内容不同，自主设置流程，确定业务规则，真正体现"真实经营"，由"模拟"向"实际"转换。

第二节　地方综合高校经管类专业实验教学模式

为了建设高水平、有特色的经济管理行为虚拟仿真实验教学中心，优秀实验教学师资"团队+梯队"的建设与管理是其重要条件之一。但目前大多数虚拟仿真实验教学中心普遍没有属于自己的师资"团队和梯队";或者是重"团队",轻"梯队"。团队基于现在,而梯队基于未来。团队建设是梯队形成的前提和基础,而梯队形成是团队建设的延续和发展。那么,如何结合虚拟仿真实验教学中心的定位,以及我校的实际情况,建设并管理优秀的实验教学师资"团队+梯队"呢?现已成为各校经济管理行为虚拟仿真实验教学中心所面临的迫切需要解决的重要难题之一。为此,一方面,我们收集了 10 家经济管理类(2014 年获批)虚拟仿真实验教学中心网站,发现其师资成员大多是兼职而非专职教师,实验中心工作年限大多相对较为短暂(1~2 年);另一方面,以"经济管理实验中心+师资队伍建设"中英文表达及其相近关键词为参照,分别在中国知网、百度、EBSCO 等网站进行搜索。结果显示:国内外学者对不同专业师资队伍的建设与管理研究较多;而对经济管理实验教学中心,尤其是虚拟仿真教学师资队伍的研究成果非常少。基于此,我们以虚拟仿真赛事经验传承为抓手和突破点,以制度体系设计为基础和保障,研究我校虚拟仿真实验教学中心,探讨师资"团队+梯队"的建设与管理。

一、"团队+梯队"实验教学模式的意义

从学科专业发展的角度来看,师资"团队+梯队"的建设与管理将有利于各教学单位、不同专业知识的融会贯通,加强不同专业教师间的交流和学习,促进不同学科专业的建设;从实验教学中心建设来看,师资"团队+梯队"的形成与管理是其重要内容之一,能够与虚拟仿真实验教学资源建设、管理和共享平台建设以及管理体系建设等方面形成联动,发挥协同作用。师资"团队+梯队"的建设与管理不仅推动中心的发展,而且还将为建设高水平一流大学做出贡献。

二、"团队+梯队"实验教学模式的目标

第一,做好虚拟仿真赛事的经验传承工作,吸引、选择和培养来自不同专

业的虚拟仿真教学师资力量。具体目标：选择有影响力、持续的、稳定的赛事；理清并总结不同赛事的经验；构建参赛师生"团队+梯队"；打造经验传承的平台。

第二，建立一套科学合理的虚拟仿真教学师资"团队+梯队"的制度体系，留住并充分发挥虚拟仿真教学师资成员的积极性和创造性。此套制度体系主要包括四个方面的内容：授课等相关的常规管理制度；师资成员关于虚拟仿真教学或参赛的培训制度；提供参赛、参会等资金和审批相关制度；从奖金、荣誉或职称评定等方面制定激励制度。

第三，打造有实力的虚拟仿真教学师资"团队+梯队"，实现良好的循环建设和科学的制度管理。设计打造虚拟仿真教学师资"团队+梯队"的流程和制度，并通过试点试验，对"团队+梯队"的自然演化进行微观调控。

三、"团队+梯队"实验教学模式内容

以虚拟仿真赛事经验传承为抓手和突破点，研究如何选人和育人；以制度体系设计为基础和保障，研究如何留人和用人；最终促进验教学中心和师资"团队+梯队"的建设与管理。实现虚拟仿真赛事经验传承、制度体系设计和"团队+梯队"师资建设与管理三个方面的联动。

（一）虚拟仿真赛事经验传承

以虚拟仿真赛事为抓手和突破点，吸引大量来自不同专业的教师介入虚拟仿真教学当中来，是师资"团队+梯队"建设与管理的前提条件。目前，虚拟仿真赛事对教师而言，缺少足够的吸引力介入。其原因：一方面，在于指导老师需要投入大量的时间和精力；另一方面，在于大多数参赛队伍未能取得有影响力赛事的优异成绩。因此，做好虚拟仿真赛事经验的传承，将有助于吸引大量优秀的指导老师从事虚拟仿真教学。需要考虑的是，究竟有哪些赛事比较有影响力，而且赛事举办具有连续性和稳定性？虚拟仿真比赛的经验究竟是什么？参赛队伍及指导老师的梯队该如何建设？都有哪些平台可供赛事经验的传承和固化？

（二）制度体系设计

以制度体系设计为基础，可留住大批介入虚拟仿真教学的优秀教师，并且能够充分发挥各位老师的积极性和更多的潜能，是师资"团队+梯队"建设与管理的保障。而目前，大多数实验教学中心缺少这样一套科学合理的制度体系。原因有多种：可能在于对兼职教师的制度管理主要体现在各教学单位，也可能在于实验教学中心的权限不够，等等。因此，设计一套科学合理的制度体系，将有助于留住和充分发挥优秀的虚拟仿真教学老师。需要考虑的是，如何对专兼职教师进行日常授课管理？如何对不同专业的教师提供培训计划？如何对专兼职教师带队外出比赛、参会等事宜，提供资金或程序上的保障和支持？如何通过奖励、职称评定等方法，对专兼职教师实施激励？

（三）"团队+梯队"师资建设与管理

实验教学中心不仅要建设"团队"，而且还要形成"梯队"；不能只看眼前，更应看到未来；这样才有利于中心的长远健康发展。需要考虑的是，该如何选人、育人、留人和用人；团队成员的构成（如性别、年龄、专业等）；"团队+梯队"该如何建设和管理；如何衡量建设和管理的效果等。

第三节　跨专业虚拟仿真综合实验教学模式

经济管理跨专业虚拟仿真综合实验教学是模拟真实环境的基本要素和主要特征，使学生在仿真市场环境和企业环境中，通过对市场经济活动和企业生产经营活动主要规律的把握，进行角色体验和角色分析，认识和掌握各项实际业务，运用专业知识，参与模拟企业的运作过程，进行生产经营决策，解决实际问题，及时处理企业性的各项经济业务，使企业的业务工作在实验室得以再现。学生能在模拟真实环境中实现不同业务职能、任务要求的综合集成、系统训练，根据业务内容不同，自主设置流程，确定业务规则，真正体现"真实经营"，由"模拟"向"实际"转换。

一、问题的提出

根据《教育部 财政部关于"十二五"期间实施"高等学校本科教学质量与教学改革工程"的意见》（教高〔2011〕6号），为引导高校主动适应国家战略和地方经济社会发展需求，优化专业结构，加强专业内涵建设，创新人才培养模式，大力提升人才培养水平，2012年1月13日，教育部下发了《关于启动实施"本科教学工程""专业综合改革试点"项目工作的通知》（教高司函〔2011〕226号），并于2012年1月20日下发了《教育部关于批准实施"十二五"期间"高等学校本科教学质量与教学改革工程"2012年建设项目的通知》（教高函〔2012〕2号），批准53所高校实施专业综合改革试点项目，建设180个专业综合改革示范点。2012年2月24日教育部下发了关于印发《教育部高等教育司2012年工作要点》的函（教高司函〔2012〕19号），在教育部2012年工作要点中提到"本科教学工程""实践教学环节""创新创业教育"。2012年3月16日，教育部下发《教育部关于全面提高高等教育质量的若干意见》（教高〔2012〕4号）。2015年5月，国务院办公厅印发了《关于深化高等学校创新创业教育改革的实施意见》（国办发〔2015〕36号），要求各高校要加强专业实验室、虚拟仿真实验室、创业实验室和训练中心建设，促进实验教学平台共享。由此可见，国家对本科院校实践教学给予高度重视，鼓励学校开展跨专业综合实训、开展案例教学、探究式教学等的教学方法改革，鼓励校企合作探索产学研合作新模式协同创新。

因此，树立全新的实验教学理念，加强实验教学手段创新已是高等教育改革发展的必然趋势。地方高校经济管理类专业要培养适应21世纪经济全球化需要，既具有开拓、创新与创业精神和竞争、合作意识，又具有实际操作能力的高素质经管人才，实验实践教学更是具有不可替代的重要地位。跨专业虚拟仿真综合实验教学得到越来越多的院校重视，并已相继开展实施，但地方综合高校如何结合自身特点，开展有特色、有创新的跨专业虚拟仿真综合实验教学，是值得研究的重要课题。通过跨专业虚拟仿真综合实验教学模式的研究，可以构建立体化、跨专业、虚拟仿真的经管类跨专业虚拟仿真综合实验教学体系和实践平台，进而拓宽学生的实践背景，使学生获得直接经验和替代经验，全面提升学生创新精神、实践能力、创业能力。

二、国内外研究述评

目前，跨专业虚拟仿真综合实验教学得到越来越多院校的重视，并已相继开展实施。但是，目前还处于起步阶段，许多方面尚需要进一步研究。关于经管类跨专业虚拟仿真综合实验教学的研究，目前主要集中在三个方面：

一是理论上的研究。主要涉及综合实训体系构建与平台建设、教学方式与方法、课堂组织形式、考核内容与方式、实验教学团队建设等。如李静敏（2011）认为，经济与管理跨专业综合实验教学应完善实验教学团队绩效考核和科研激励机制；蒋文杨等（2012）认为，实施管理类跨专业综合实训，需构建综合实训的理论体系、技术方法体系、工具体系以及决策支持系统。

二是高职和独立院校跨专业综合实验研究。卢德湖（2013）基于 VBSE 探讨了高职院校实验教学模式的创新，包括 VBSE 实训课程特点、VBSE 实训课程设计理念等；孙爱娟（2012）为高职院校推进虚拟仿真教学改革提出了自己的策略；陈岫（2013）研究了独立学院经管类跨专业综合实验教学的目标；历岩（2012）结合黑龙江科技学院和经管类跨专业综合实习，分析了独立院校经管类跨专业综合实习存在的问题。

三是普通本科院校跨专业综合实验教学的经验介绍。祝爱民（2014）介绍了沈阳工业大学的管理类跨专业综合实验体系构建与实施情况，建立了包括专业感性认知实验、单一课程模拟操作实验、专业综合实验和跨专业综合实验四个层次在内的跨专业综合实验体系；张淑玲、黄启（2013）结合福建工程学院的经管类跨专业综合实训平台建设，分析了平台建设的必要性、构建方案、保证制度等；向晓书（2009）结合广东商学院的跨专业仿真综合实习平台，阐述了跨专业仿真综合实习教学组织与管理的核心环节；孙纯学（2009）介绍了兰州大学文科跨专业实验教学中心的建设思路、建设模式、建设过程；刘跃进等（2009）则结合湘潭大学，对地方综合性大学跨专业化大类人才培养模式进行了探讨。

由于跨专业虚拟仿真综合实验教学体系的复杂性和多元性，各个院校的基础条件、专业设置、管理模式、师资队伍等，均存在很大差异。因此，不存在一个能满足所有院校的跨专业虚拟仿真综合实验教学模式。地方综合高校由于"地方性"和"综合性"，其经管类跨专业虚拟仿真综合实验教学体系的设计与教学模式的建立，应有其特殊性。

三、跨专业虚拟仿真综合实验教学目标

跨专业虚拟仿真综合实验教学的目的是构建体现多层次、模块化、综合性、仿真性的，包括基础实验平台、课程单元实验平台、课程综合实验平台、专业综合实验平台和创新（创业）实验平台，体现专业、学科之间相互渗透与交叉的经管类实验教学体系，并建立起有效的经管类跨专业综合虚拟仿真实验教学执行机制和保障机制，使之成为经管类应用型人才培养的重要基地。具体来说：

一是改革实验教学模式，创新人才培养机制。改变传统的以知识传授为主要任务的人才培养体系，自行设计实验方案，从验证、认知到综合、设计，再到研究创新，通过自主式、探究式、讨论式、研究式的学习，培养学生的创新精神和实践能力。

二是弥补实验教学体系的不足，提升学生的综合实践能力。跨专业综合实践可以有效调整理论教学和实验教学、课堂实验和课外实训、校外实习和校内实践之间的关系，将经管类各专业最基本的理论、方法和实践融合到一起，完善实验教学体系，丰富实验教学内容，提高学生对企业综合管理的能力。

三是创新人才培养评价体系。通过制定科学完善的考评体系，评价学生的专业能力专业素质，将知识、能力、素质作为人才培养评价不可或缺的三个要

素，将实践能力、创业能力、创新能力作为人才考评的重要标准。

四是优化、整合教学资源。跨专业综合实践活动的开展增强了专业学科之间的沟通联系，作为一个教育教学平台它可以打破学科专业间的狭隘。

四、跨专业虚拟仿真综合实验教学模式内容

随着教育主管部门和各院校对实验教学工作的愈发重视，高校实验室的管理工作正朝着规范化、制度化、综合化、虚拟仿真化的方向发展。经管类跨专业综合虚拟仿真实验教学作为经管类应用型本科人才培养模式改革的重要举措，其规范化、标准化是各高校实验教学中心建设过程中共同面临的问题。跨专业虚拟仿真综合实验教学是充分利用综合性大学的学术优势和学科优势，依据学科专业的相关度和学生的兴趣、爱好以及学校和地区的实际情况，使不同专业的学生在本专业知识学习的基础上，开展超越原有专业界限的具有综合性、实践性、自主性和创造性的学习活动，并通过构建虚拟仿真的实验环境来保证其得以有效实施。

（一）确立实验教学目标体系

经管类专业根据人才培养目标和培养规格的要求，结合专业特点制定本专业总体及各个具体实验教学环节的教学目标，它是实验教学应达到的标准。在整个实验教学体系中，目标体系是核心部分，在一定程度上决定着实验教学内容体系、实验教学管理体系和实验教学保障体系的结构，同时又取决于这些体系的功能水平，在整个体系中起动力作用。以培养大学生创新能力为最高宗旨的实验教学创新体系的总体目标应该是：以培养学生实践能力、创新能力和提高教学质量为宗旨；以知识传授、能力培养、素质提高和全面协调发展的素质教育理念为指导；创设仪器设备先进、资源共享、开放服务、绿色环保的实验教学环境；以学生为本，不断创新实验教学内容与方法；以社会需求为经济管理类实验教学创新导向，构建了以校内综合实践、校外实习基地为依托的"实验、实训、实习"三位一体的实验教学模式。

（二）构建经管类实验教学体系

跨专业虚拟仿真综合实验教学是经管类实验教学体系的重要构成部分，因此，需要研究经管类实验教学体系框架、跨专业虚拟仿真综合实验教学在经管类实验教学体系中地位与作用、与其他专业性实验教学环节的协调与统一等。

（三）建立跨专业虚拟仿真综合实验教学平台

搭建先进、动态、综合性、设计性、虚拟仿真性的实验平台是综合实验实施的基础，该平台不仅指向某个专业，而且关注行业、企业、岗位、任务的工作过程的训练，实现不同业务职能、任务要求的综合集成、系统训练。同时，平台可进行二次开发，根据业务内容不同，自主设置流程，确定业务规则，真正体现"真实经营"，由"模拟"向"实际"转换。

（四）构建有效的实施机制

第一，师资队伍建设。拥有一支素质优良、年龄结构和知识结构以及职称结构比较合理、相对稳定、富有活力的实验教学队伍，是综合实验教学顺利进行和发展的根本条件。根据跨专业虚拟仿真综合实验教学的特点，通过青年教师深入企业锻炼、鼓励教师大力开发实验中心实验软件和实验项目、组织编写适合教学使用的实验教材和实验指导书、组织教师进行教学内容和教学方法及教学组织形式研讨，等等，来不断提高综合实验教学的质量。

第二，教学方式与教学方法改革。传统的实验项目一般以操作性为主，学生的自主设计性和模拟经营的对抗性相对不足。跨专业综合实验增强了实验项目中的自主设计性和模拟经营中的对抗性。充分发挥教师的引导作用，将理论学习与实际训练紧密结合起来，注重培养学生动手能力，突出教学内容和教学方法的应用性、综合性、实践性，丰富课堂教学和实验教学环节。

同时，在组织跨专业综合实验教学过程中，将博弈对抗法、协作学习法、角色扮演法、专题讨论法、点评法、试错法和案例法等多种方法引入教学过程，使师生关系发生了根本性变化。教师从以讲授知识为主，转变为以策划教学内容、创设学习情境、配置学习资源、引导学习方向、监控学习过程、评估学习效果为主；学生从知识的被动接受者转变为知识的积极探究者。注重学习过程的双主性与开放性，充分体现学生学习为主体、教师教学为主导的双主教学。

第三，课堂组织形式创新。在跨专业综合虚拟仿真实验教学中，需要打破自然班界限，进行学生学习组织形式创新，将来自不同专业的学生混合编组，每个学习小组就是一个知识结构相对完整的群体，旨在为自主式、协作式学习提供组织保障，为仿真公司运作提供多重角色资源。多种课堂组织形式在教学过程中并存，学生既是模拟市场环境的构造者，又是模拟企业的行为人；既是学习的主体，又是学习活动的组织者。

同时，由于学生来自不同的专业，因此跨专业授课团队也由不同专业的教师组建而成。跨专业综合实验教学改变按专业或课程设置教研室的例行做法，组建"团队式"教师教学组织。教师在团队中分工协作，分别负责实验项目的研发、相关条件的建设、实验现场指导等环节。

第四，考核内容与方式革新。为了确保跨专业综合实验相关课程的教学质量，改变传统的考试模式，建立一套与跨专业综合实验课程相匹配、与企业绩效考评相衔接的考核模式。实现团队业绩考核和个人业绩考核相结合，教师考核与学生考核相结合，学生团队考核与学生个人考核相结合。考核指标由团队业绩考核指标与个人业绩考核指标综合而成。

（五）构建有效的保障机制

第一，教学支撑体系建设。跨专业综合实训平台支撑下的综合性教学活动对师资的要求较高。实训内容的综合性要求教师掌握多个专业内容；实训内容的创新性要求教师掌握最新的实时的社会实践；实训的交互性要求教师具备组织和现场掌控能力，多个方面都对师资建设提出了更高的要求。同时，跨专业综合实训课程的设计需要从课程体系建设的角度来规划和执行，课程体系设计是否合理关系到培养人才的质量。

第二，实验教学管理制度建设。根据跨专业实验教学的实际需求出发，制定教学管理体制标准文件。标准文件包含工作性文件和约束性文件两部分，其中：工作性文件是工作的规范表格，目的是使工作流程化、具有操作性；约束性文件是一种规定，是对实验教学活动的重要准绳，它反映在实验教学过程中对学生个体、学生团队、教师个体、教师团队以及其他实验参与者的要求。教学管理体制标准文件的落实关系到实验教学质量的保证与提高，对学生组织、教师组织、教研活动、课堂管理、成绩管理等实验教学中的各个环节进行了规范和监控，最终目的是提高实验教学的教学质量。因此，合理运用教学管理体制标准文件，是解决跨专业教学的难点及关键环节，使教学课堂做到规范化也要做到满足跨专业班级的个性化需求，是保证教学质量的关键。

第九章　校外实践教育基地建设与实践

　　按照社会需求，大学可以分为研究型、应用技术型和其他类型（按不同标准，也有其他分类），经济社会发展需要一批应用技术型的大学。我国2400多所大学中的100多所由中央部委直接管理，地方高校占了大学的大多数。我国高校毕业生就业压力大，同时许多企业找不到高素质的技术技能型人才，造成这一现象的重要原因之一是高校培养的人才与社会需求脱节。我国产业领军人才、高层次技术专家和高技能人才严重匮乏，地方高校怎样为所在区域培养经济社会发展急需的人才？这既是政府的需要，也是学生及家长的期盼。坚持创新引领创业、创业带动就业，主动适应经济发展新常态，以推进素质教育为主题，以提高人才培养质量为核心，以创新人才培养机制为重点，以完善条件和政策保障为支撑，着力培养高校师生服务社会的责任感和解决社会问题的实践能力，着力推进高校与社会企事业单位合作育人，加快培养应用型、复合型和创新型人才目标，是地方高校立足市场需求和专业内涵发展的必然选择。本文以会计学专业为例，研究校外实践教育基地建设与实践问题。

第一节　校外实践教育基地建设目标

　　以培养会计学专业应用型、创新型、综合型人才为目标，满足专业实践教学需要为原则，兼顾科研与创新设计，遵行高等教育内在规律，通过建立会计学本科专业实习实训基地，为培养会计学专业学生的专业认知能力、会计岗位胜任能力、科学研究能力、创新创业综合素质发挥不可替代的作用。依托校外实践教育基地的建设，进一步改革人才培养模式，推进教学改革，将知识、能力、素质培养融为一体；拓展学生实习渠道和场地，建立稳定的校外实习基地群；优化教师队伍结构，提高教师队伍质量，"走出去，引进来"相结合；校企资源共享，通过基地实践教学推动校内理论教学的质量提升；发挥会计学专业实习实训基地的教学实训、培训、专业实习、校企联合科研攻关、服务地方社会经济建设等多重功能。

一、培养学生实践能力

利用基地合作龙头单位的优势，以及基地合作单位的客户资源和工商财税资源平台，设计一套可行的实训方案。通过实习实训，使学生达到如下要求：全程体验工商、会计、财税、银行等全真工作环境以及业务流程；掌握会计账务处理的基本流程和技巧；掌握企业报税的基本流程和技巧；了解企业经营业务流程；了解企业工商登记、税务登记业务流程；了解企业银行业务流程；学会处理与工商、税务、银行等机构人员的关系；掌握审计、管理咨询、银行业务部及审计风险管理、税务、资产评估、工程造价咨询、信息鉴证、公司清算、市场与品牌推广等方面的技能。

二、构建校外实践教育基地群

湖北民族大学与立信会计师事务所湖北分所实现了深度合作。以立信会计师事务所湖北分所为龙头，借助其行业内的影响力，共建基地群，成立基地群建设管理领导小组、教育教学指导委员会、基地办公室等机构，对基地群的工作进行统筹规划和组织协调。按照校企共建、共管、共享的原则，将基地建设成为具有技能培训功能、教学功能和科研功能的基地群，有效地拓展学生的实习和就业渠道，同时实现基地群内资源共享，多方共赢。

三、基地群内资源共享

通过基地群建设，借助校园网和其他网络资源，建设实践教学资源共享平台。针对学生实践教学的共享，主要体现在三个方面：一是实习单位或岗位的共享，即学生可以在基地群内自由选择实习单位和岗位，实习一段时间后，还可以在基地群内实行轮岗实习；二是创建基地群网络互动平台，基地群内实习学生可以实现即时分享和交流；三是基地群内各单位的实际案例资料共享，建立多角度、多层次的案例资料库，作为具有代表性的教学资源进而服务于实践教学和校企科研合作。

四、优化"双师型"师资队伍结构

坚持"专兼结合、长短相辅"的原则，优先聘请有企业工作经历的专兼职教师进行授课或指导学生进行各类实践教学。学校加强教师队伍建设力度，形成具有实践背景的教师队伍。建立专职教师与兼职教师相结合的高水平教师队伍；鼓励教师到企业进行实际走访，解决企业面临的问题，参与企业项目研发；建立兼职教师聘任制度，承担专业课程教学，指导学生实习和本科生毕业设计；建立满足教师考核与评价标准，对参与教师的考核和评价以教师开展产学合作和技术服务，科研项目设计，开发和研究等方面取得的作为满足要求的主要考核与评价指标。在教师培养方面，通过内部鼓励考博、职称晋升、高层次人才引进、企事业单位兼职教师聘任、其他高校同类专家的聘任等多种方式，不断提升教师的学历、职称与专业知识结构，使之能适应会计学专业实习实训基地建设目标的需要。同时，通过对本校教师与相关企业单位的交流、观摩、挂职锻炼、科研合作等方式，大力优化接队伍结构。

五、以科研合作为驱动，服务地方社会经济发展

在基地群建设的基础上，由学校专职会计教师和基地兼职老师共同参与，通过课题研究指导实践教学，将实践教学案例研究与开发引入地方企业管理与培训之中；通过产学研的结合，基地群内合作，共同承担服务区域内相关社会服务；时机成熟条件下，利用现有基地资源在恩施州内建立下属实习基地，为区域内实习实训项目建设、管理和师资培训提供指导与服务。

第二节　校外实践教育基地实践教学

一、实践教学形式

实践教学是专业理论知识应用于实践、培养学生职业应用能力并形成综合素质的重要环节。根据人才培养目标和专业群学生综合实践教育的具体要求，按照由浅入深、不断深化的教学规律，形成包括企业参观、课程实训、社会实践、专业见习、顶岗实习、毕业论文、课内外专业活动等内容的、贯穿于人才培养全过程的综合实践教育体系。在实践形式上，主要有以下几种：

（1）项目式实习。依托事务所承接的工作项目，安排我校会计本科生参与项目的具体工作，执行具体的工作任务，承担事务所完成项目的相关工作。

（2）定期式实习。根据双方拟订的培养方案中的实践教学计划，在学习会计相关理论课程之后，安排毕业生参与到事务所以及事务所的业务单位实习，从而培养学生的实践创新能力。

（3）专业见习。这类实习主要是满足低年级学生的需要，借助暑期社会实践、专业见习等时段，深入事务所及业务单位，了解企业的业务流程及会计

基本岗位工作内容，形成工作认知，将理论学习感性化，帮助后续学习的计划和职业生涯规划等。

二、实践教学内容

依据会计学专业实习实训基地人才培养目标，专业实践教学内容包括三个层面：单项实训（重点培养学生职业通用能力和职业基础能力，依据"会计基础""财经法律与职业道德""经济法基础财务会计实务"等理论课程而进行的实训项目，包括文字书写的要求、审核与填制会计凭证、登记会计账簿、编制会计报表、计算机在会计工作中的应用等技能和方法）；核心能力实训（主要培养学生的职业岗位能力，使学生具备会计核算、会计监督、纳税申报、财务管理等岗位能力以及不同行业的会计核算能力，包括往来核算、财产物资、资金、收入成果、总账报表、成本核算、纳税申报、审计、财务管理等）；综合实训项目（在真实的企业经验活动中，运用信息化软件平台，在教师团队指导下，了解和熟悉企业经营管理业务，掌握企业策划、企业注册、银行开户、审计验资、财务决策、纳税申报、物流运输、贸易谈判等综合性的业务能力）。通过以上实践教学，帮助学生实现"学习—工作"与"工作—学习"的双向能力迁移，真正做到工学结合。

三、实践课程建设

实践教学是巩固会计理论教学和专业知识的有效途径，是培养具有创新意识的高素质会计人才的重要环节，也是理论联系实际，培养学生掌握操作方法和提高动手能力的重要平台，是高等教学本科教学质量工程的重要组成部分，实践教学在会计本科专业培养中的地位越来越重要。根据人才培养目标和课程群中学生综合实践教育的具体要求，按照由浅入深、不断深化的教学规律，将课程实训、社会实践、专业见习、顶岗实习、毕业论文、课内外专业活动等主要实践教学环节贯穿于人才培养全过程的综合实践教育体系。实习教材建设上，坚持"自编教材+外选教材"结合方式，与合作单位通力合作，引入基地群内的真实案例，共同开发经济管理专业实验、实训教材。

第三节 校外实践教育基地管理模式

一、组织机构

校外实践教育基地由校企双方签署正式合作协议，校企双方正式确定建立相应的组织机构，保障实践基地的领导、管理和协调等相关建设工作开展。

（一）实践基地主要机构

根据校外实践教育基地教学运行、学生管理、制度建设、工作协调等建设工作的需要，建立和健全以下组织机构：

1. 实践基地管理领导小组

建立由学校与共建单位双方组成的校外实践教育基地管理领导小组，主要由学校和企业的主要领导、学校教务处处长组成，负责基地的成立、考核、政策的制定等指导性意见，实践基地管理领导小组直接领导实践基地建设小组。

2. 实践基地建设小组

实践基地建设小组主要由湖北民族大学二级学院、系相关领导、学校教务处主要执行机构、企业主要执行领导组成，负责制定基地建设的总体规划、具体运行机制及项目建设等工作；负责基地管理人员的任命和管理。基地建设小组直接领导实践基地实践教学委员会。

3. 实践基地实践教学委员会

实践基地实行实践教学委员会指导下的主任负责制。实践基地设主任 1 名，副主任 2 名，秘书 1 名。实践基地主任、副主任和秘书由实践教学委员会审议后报主管部门批准，并由学校任命。主任全面负责实践基地管理工作。领导制定实践基地发展规划、年度计划、经费预算与管理，组织制定实践基地各项规章制度，并落实贯彻执行。实践基地定期向学校主管领导、部门以及实践基地教学委员会汇报工作。副主任协助主任工作，负责实践基地日常管理、实验室建设，如实践基地资料归档、经费管理、仪器设备账物卡、课题申报等。管理人员任期四年。

4. 实践基地实践教学指导小组

实践基地实践教学指导小组由主要学院系教师专家组及企事业单位的专业技术人员、管理人员组成，主要负责实践基地人才培养方案、课程体系、教学内容的制定，实践工作的组织实施、制度管理、成绩评定、实践项目开发，以及负责组织学生参与实际项目的竞赛等指导培训工作。

（二）实践基地组织机构基本结构

实践基地组织机构基本结构具体如图 9-1 所示。

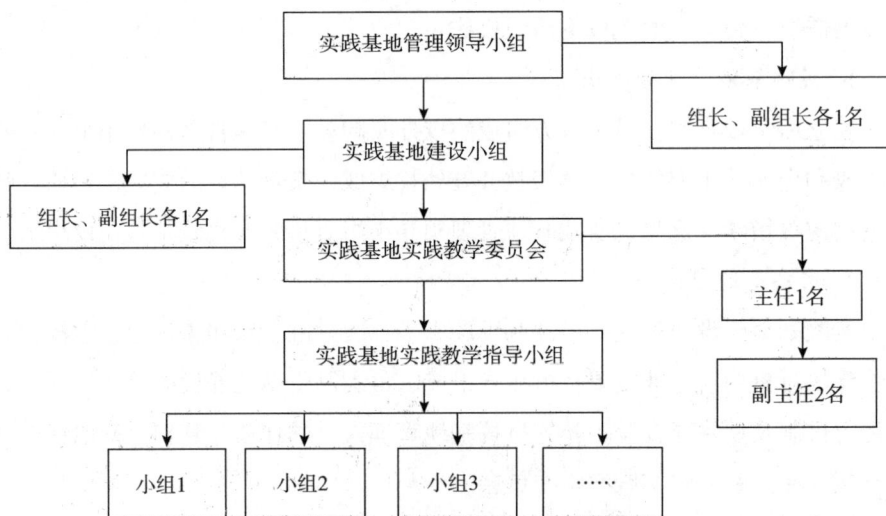

图 9-1　实践基地组织机构框架结构

二、管理办法

校外实践教育基地教学管理的目的就是改革人才培养模式和目标，培养学生独立的实践工作能力，通过实践教学，培养学生的观察能力、独立思考能力、动手操作能力、分析和解决问题能力。要实现实践基地的建设目标和培养目标，建立健全实践基地的组织管理体系，制定具有教学运行、学生管理、安全保障等相关规章制度体系的管理方法，成为实践基地可持续发展的重要保障和条件。

（一）实习实训基地各方的职责和任务

1. 学校的职责与任务

第一，宣传联系方面。确定实践教学基地名称，在校园网、校报校刊、新闻媒体等进行宣传；做好参加实习实训学生的思想政治教育和安全教育工作，要求他们虚心好学、尊敬师长、遵守实习单位的规章制度；根据专业人才培养方案和实践教学要求，确定每次实习实训的时间、内容、人数和要求，提前与实习实训基地所在单位联系，共同制定具体实施方案。

第二，实习实训中的管理与协作方面。认真听取实习实训基地所在单位专家、专业技术人员对实习实训教学、管理和人才培养方式等提出的建议及意见，结合学校教学实际及时进行改革；委派实习实训指导教师与管理教师，与实习实训基地所在单位协商实习实训期间师生的实习实训与生活事项；根据实习实训基地所在单位的用人需要，按择优录用的原则，向实习实训基地所在单位推荐毕业生；在基本建设（如建设实验实习实训室、学生宿舍、食堂等）、仪器设备购置，邀请实习实训基地所在单位合作，在同等情况下优先实习实训基地所在单位。

第三，相关服务方面。为实习实训基地所在单位的干部职工提供培训；在参加科研立项、学术交流、论文发表等方面，为实习实训基地所在单位提供方便；为学校实习实训指导教师、实习实训基地所在单位的实习实训指导人员提供工作和生活方便；为实习实训基地所在单位提供其他服务。

2. 基地合作单位的职责与任务

第一，基地协作方面。参与学校专业培养目标、人才培养方向、人才培养方案、实验实习实训方案等的研究与制定，结合本单位实际，对学校的教育教学改革提出意见和建议；接受学校学生实习实训，协助学校安排好学生实习实训内容，组织好学生实习实训工作，指导学生实习实训全过程；为参加实习实训的师生讲解本行业的发展趋势、本单位人力资源发展规划及需求情况、各职业岗位要求的知识水平和技能、职业岗位群的结构及各岗位之间的协作等。

第二，实习过程中学生管理方面。按学生实习实训要求，提供实习实训场地、仪器设备、原材料等，选派本单位的专业技术人员担任学生实习实训指导教师；加强学生实习实训期间的管理，参加学生实习实训的成绩考核和鉴定等工作；结合本单位实际，对学生进行职业道德教育。

第三，相关服务方面。为校外实践教育基地培养"双师型"教师提供帮助；吸收学院专家、教授和技术人员参与本单位的科研、技术攻关等工作；尽可能地为校外实践教育基地学生提供就业机会。

（二）管理办法体系

1. 组织管理体系

实践基地实行实践基地管理领导小组、实践基地建设小组、实践基地实践教学委员会主任负责制的三级垂直管理体系。实践基地管理领导小组为基地最高领导机构，其组长为基地总负责人，负责基地的成立、考核、相关制度的制定、总体工作的协调与指导等工作。实践基地建设小组为基地执行机构，其组长为基地执行负责人，负责制定基地建设的总体规划、具体运行机制及项目建设等工作；负责基地管理人员的任命和管理。实践基地实践教学委员会为基地实践教学实施机构，其主任为实践教学工作的负责人，全面负责实践基地管理工作，领导制定实践基地发展规划、年度计划、经费预算与管理，组织制定实践基地各项规章制度，组织实践教学的实施、管理、考核和学生的成绩评定等相关工作，并落实贯彻执行。

2. 实践教学运行

实践基地制定科学合理的人才培养方案、课程体系，明确实践教学内容的安排、计划、总结，并报教务处备案，做好日常管理工作。在实践教学中，实践教学委员会应会同有关部门不定期到实践教学基地检查、评估教学情况，或给予必要的协助和指导。对基地建设管理、运行成绩突出的学院予以表彰；对建设成效不大、不能保证实践教学质量的基地，提出整改要求。

3. 学生管理与安全保障

学生应严格按照实践教学计划要求，修完实践教学所要求的课程和学分，否则，不能按期正常毕业；学生应严格遵守国家有关部门颁布的法规、法令及条例，遵守实践环境管理和劳动管理规定、安全操作管理规程和文明生产措施的要求；学生应按时完成实践教学各项考试（核）活动，按时提交各种作业和相关的实践总结和调查报告；学校应加强对学生的安全知识教育，与实践基地签订相关的学生安全协议，要为学生购买意外保险。

第四节　校外实践教育基地升华

一、依托基地，构建"一核心、两空间、三层面"育人模式

以基地为依托，构建"一核心、两空间、三层面"育人模式，即项目的教育教学以学生为核心、学生接受教育的范围在学院与企事业单位之间及学校空间与社会空间内、地方政府层面和学校层面及社会层面共同参与。这种新型的育人模式，最大限度减少了学生与社会的衔接过程和衔接时间，把学生的知识教育、职业教育、能力素质教育有机融为一体，将人才培养的目标与过程、内容与形式、实践与空间分成不同的类型和规格，为学校会计学

专业长期发展提供了整体思路和具体操作办法，也为其他专业的长远发展提供借鉴与引领。

二、校企合作，联合执行"233"三段式人才培养模式

构建"专业招生、大类培养"下的"233"三段式培养模式，学生入校后的前两个学期在经管大类中学习基础课程，一年后学生根据自身的兴趣、爱好、就业方向等因素在经管大类内可申请转专业，重新选择发展方向；学生在修习会计学专业核心课程3个学期后，可自由选修不同的个性发展方面。学生的理论课程集中在前5个学期，并在此期间，完成相关的课程实践，随后进入企业实习，由企业的管理人员担任本专业实践课程的教学，与学校指派的专业老师共同担任实习指导工作，全面培养学生素质，逐渐实现由学生向"员工"的角色转换。学生在实习期间，定期参加企业组织的理论与实践培训课程并接受考核。

三、优势互补，协同创建基地群

学校会计学专业实习基地辐射恩施州内、北京市、南昌市、武汉市，实习单位涵盖不同行业。校企双方在学生培养、资源共享、科研合作等领域可以实现有效资源整合。在基地建设中，以立信会计师事务所湖北分所为龙头，分析不同地域、不同行业实习单位的业务优势和特点，将学生分门别类地输送到各个基地实习实践，或者采取诸如轮岗式的实习模式，将同一批学生根据实习级别在不同的基地间依次输送，达到阶梯式的能力培养目的，有利于各个基地间的交流合作、业务输入输出等。除上述课程教学，科研项目资源共享，基地间的资源共享也是协同建设方式之一。

第五节　校外实践教育基地保障机制

一、制度保障

第一，完善基地《学生顶岗实习管理条例》《实训经费管理办法》等管理规定，制定《校企合作培养管理办法》《实践基地考核办法》等保障实践基地正常运行的管理制度。

第二，建立学生企业实践工作考核制度和评价体系，开发各阶段实训考核标准与评价体系，与现场紧密结合，确保不同层次、不同阶段、不同就业需要的实训要求。同时建立动态调整机制，充分发挥考核评价体系的激励作用。

第三，加强实践教学组织与管理，建立健全制度并动态调整，加强过程管理和终结管理，确保实践教学质量。

第四，建立保障"实践基地"资金使用的管理办法，确保资金到位并合理使用。

二、教学质量保障

（一）构建"复合式、全程型、多元化"的实践教学评价体系

首先，为保障会计学专业实习实训教学质量，针对实践教学确定综合考核指标，构建"复合式、全程型、多元化"教学效果评价与考核体系。对学生实习实训成绩的考试主要从三个方面进行：第一，业务模拟、工作实习或实践报告方面，反映整个工作状况，并体现专业性，约占总成绩的50%；第二，实习实践态度与工作成绩方面，注重用人单位的反馈意见，约占总成绩的

40%；第三，其他成果方面，约占总成绩的 10%。评价方式改变了传统的结果式考核模式的单一性和片面性，是对学生实践过程和效果的全面评价，取得了良好效果。

其次，积极探索构建学校、行业部门和用人单位共同参与的实践教学评价体系，对学生实习实践成果进行更加科学的考核。在积极开展学生创新项目活动的过程中，还将对学生在实践教学环节中的科研成果（论文或实践报告等形式）进行评比，把评比结果列为学生学年考核、评优等的参考指标之一。这一指标的加入，将有助于学生将理论学习与实践活动紧密结合，提高解决实际问题的能力和创新能力，有助于提高综合素质。

最后，不断优化和完善实习实训课程体系，认真遴选高素质教师与企业管理人员指导学生实习实训环节，积极引导学生介入企业实际管理与校企科研合作，切实提升学生的实践知识和专业水平，确保实践教学质量。

（二）构建"长期性、多元性、建设性"的基地评价体系

构建基地评价体系，每年根据基地运行情况，由学校、基地合作单位、实习学生，对基地开展自我评价，同时对每年投入到基地的资金进行绩效考核。通过对基地的评价，发现基地建设、运行和管理中存在的问题，采取有效的措施不断地完善。

第十章　地方综合高校应用型经管人才培养校企协同育人

　　"协同"在英文中有"synergy""collaboration""cooperation"等多种表述，在《汉语大词典》中是齐心协力、互相配合的意思。德国学者 Haken（1971）首次提出了"协同"的概念，指系统中各子系统的相互协调、合作或同步的联合作用及集体行为，结果是产生"1+1>2"的协同效应。而人才培养模式是指在一定的教育理论与教育思想指导下，为了实现培养目标而采取的动态组织形式及运行机制。结合对"协同"和"人才培养模式"的理解，可以对协同育人模式定义如下：协同育人模式是指两个或两个以上的办学主体通过相互合作、互相配合，发挥各方优势，共同制定培养方案，充分利用各方教学资源，提高学生实践创新能力，培养能适应和满足经济社会发展需要的高级专门人才的一种人才培养模式。

　　协同育人模式由来已久，例如，在美国、德国具有 100 多年历史，在我国也有近 30 年历史的校企合作教育就是一种重要的协同育人模式。随着社会人才需求的改变和我国高等教育事业的发展，协同育人模式近年来呈现出多样化、普及化的态势。纵观学术界，学者们针对高校协同育人的模式、路径和亟待解决的问题展开了丰富的研究。蔡志奇（2014）认为，协同育人模式多样化是应用型本科院校强化教学改革、提高人才培养质量、满足社会人才需求、实现自身可持续发展的重要途径。刘哲信（2017）提出，通过建立长期稳定的教学实习就业平台、现场教学、校企互动、项目化教学落实校企协同育人机制。石钧（2018）针对现阶段协同育人的深度和广度不够等问题进行了思考，提出地方应用型本科高校要从自身的实际和发展需要出发，通过提升学校服务地方的经验和品牌效应，以及构建完善的保障机制来推进协同育人。可见，地方高校协同育人人才培养机制研究是十分必要的。根据地方综合高校经管类专业人才培养目标，结合"新文科"建设的新形态，以全过程的校企协同育人为目标，以深层次的校企协同育人为内容，以教师、企业、学生的广泛参与为支撑，构建可持续的全过程、全方位、全融合校企协同育人模式，模块化、节点化校企协同育人内容，建立校企协同育人长效机制，推动创新创业教育与专业教育紧密结合，深入推进应用型人才培养能力，是提升经管类专业人才培养的应用型、复合型和创新型的有效途径。

第一节　推进校企协同育人的意义与现状分析

一、推进校企协同育人的背景与意义

为推进地方高校应用转型发展，全面提高应用型人才培养质量，提升学生实践创新和就业创业能力，国务院、教育部等发布了系列文件，如《教育部关于全面提高高等教育质量的若干意见》（教高〔2012〕4号）、《教育部 国家发展改革委 财政部关于引导部分地方普通本科高校向应用型转变的指导意见》（教发〔2015〕7号）、《国务院办公厅关于深化高等学校创新创业教育改革的实施意见》（国办发〔2015〕36号）等。由此，应用型复合经管人才成为转型地方高校经管人才培养目标的基本定位，其核心是能力本位，重点是通识基础能力、专业实践能力、创新能力、创业能力和就业能力的融合与提升。如何培养并提升这些能力，成为地方综合高校会计人才培养亟须解决的重大现实问题之一。校企协同育人的研究，就是探索地方综合高校经管类专业应用能力培养的路径，其研究意义表现在：

（一）为地方综合高校经管类专业人才应用能力培养路径提供选择

地方综合高校应用复合型经管人才能力的培养，离不开校内实验实践教学和校外实践教育基地两类平台，它们能够多途径、多手段、多方式培养学生的实践创新能力和创业就业能力。其中，以全方位、全过程、全融合的校企协同育人为目标，以教师、企业、学生的广泛参与为支撑，优化校企协同育人路径，建立企校协同的长效机制，是提升应用复合型经管人才能力培养的重要途径。

（二）提升应用复合型经管人才与行业企业需求的契合度

对接产业行业发展变化，根据社会、行业、企业对人才能力的需求，针对性培养契合社会需求的应用复合型经管人才，是新时代应用型人才培养的基本要求。因此，需要以 OBE 为理念，优化人才培养方案，构建应用型课程体系，更新教学内容，改变教学方式方法，拓展培养路径。校企协同育人，是人才培养和教学管理与社会需求的有效对接，是提升应用复合型经管人才与行业企业需求契合度的有效路径。

（三）为校企协同育人模式提供路径和方案选择

校企协同育人是提升学生实践创新能力的重要途径，但无论是合作形式、内容，还是合作成效，目前都还处于浅层次阶段，存在"学校热、企业冷"现象，即校企合作失灵状态。同时，人才培养是个长期的复杂过程，期望通过一家企业全过程、全覆盖、深层次地参与到从新生入学到毕业就业的整个培养环节中，是不现实的。因此，针对如何实现可持续的全过程、全方位、全融合"三全"校企协同育人，本项目进行了研究与实践，以期提供路径和方案选择。

二、校企协同育人现状分析

（一）校企协同育人现实分析

2012 年 3 月 16 日，教育部在《关于全面提高高等教育质量的若干意见》中提出"创新人才培养模式""探索与有关部门、科研院所、行业企业联合培养人才模式""推进协同创新""探索建立校校协同、校所协同、校企（行业）协同、校地（区域）协同、国际合作协同"的新模式后，全国各地的高等院校通过不同的方式在校企协同育人模式、合作制度和机制等方面进行了大量的研究、实践和探索，取得了一定的成效。但是，从实际现状看，目前的校企协同育人还存在较多问题，主要表现在：

一是教师参与度有待提升。虽然地方综合高校经管类专业应用型人才培养的目标与方向得到了广泛认同，但在如何培养特别是培养路径的选择上，教师深入思考的程度不够；教师对应用型人才培养的教学研究与改革了解不够，与应用型人才培养相适应的教学能力有待提升。

二是学生参与度有待提升。在校企协同育人的内容、时间等方面的选择上，学生是被动参与者，其激情不够、热情不高，能够真正有效参与各种校企协同育人内容的比率偏低，且成效不太明显。

三是企业参与度有待提升。企业是校企协同育人的中坚力量，但企业以营利为目的的本质和学校的区位性，在很大程度上决定了目前能参与到校企协同育人中的企业数量不足，特别是一些优质企业，而且即使是参与了校企协同育人的企业，其参与的程度也较浅，主要是以实习性的用工为主，全过程性的协同育人积极性不高。

（二）校企协同育人理论研究分析

校企合作兴起于国外，自 20 世纪 60 年代引入我国后，为深入合作，建立了一条校企协同的人才培养之路，各学者对这个领域不断地进行了理论研究。

一是校企协同育人的重要性研究。普通高校的传统教育模式大多数是重理论而轻实践甚至无实践，培养的学生很难适应当前社会的高速发展。韩笑（2018）认为，通过与企业合作协同育人，增加学生的实习实训，提高学生的实践能力，改变以学校理论授课为中心的传统人才培养模式是十分必要的；党蒙（2017）等认为，校企合作是高校的科研成果回馈社会的重要途径，是高校科研成果转化与市场化的现实需要。校企合作为人才培养提供了重要的实践平台，高校在这个平台上可以更好地将理论与实践相结合，培养出理论水平高、动手能力强、符合社会需要的高素质科技人才。徐科军（2014）指出，随着高等工程教育改革的深入，尤其是卓越工程师教育培养计划的全面实施，校企合作在人才培养体系中的作用越来越突显。

二是校企协同育人的模式研究。李廉水（1998）提出了政府推动、自愿合作、合作连接和共建实体四种模式；王章豹等（2000）提出了以校企合作教育为中心的人才培养型合作模式，以提高技术创新能力为宗旨的研究开发型合作模式，以联合开发生产高附加值的科技产品为目的的生产经营型合作模式，以及以教育、科研与生产紧密结合为特征的立体综合型合作模式；朱桂龙等（2003）提出了技术协作模式、契约型合作模式以及一体化模式三种校企合作模式；黄亚妮（2006）提出了八种校企合作模式，即"企业配合"模式、"校企联合培养"模式、"学工交替"模式、全方位合作教育模式、"实训—科研—就业"模式、双定生模式、工学结合和校企双向介入模式、结合地方经济全面合作模式；董大奎等（2008）认为，学校可以与大型企业集团合作，在学校（院）内建设实训基地；董馨等（2014）提出了基于协同创新理念的校企合作模式；沈燕（2015）提出"5321"校企合作模式；李国春（2016）认为，可以采取订单合作培养模式、校企合作培养模式、顶岗实习培养模式；杨诚（2017）提出的"共生型"校企合作模式，汪占煦等（2018）提出的创新创业共生型校企合作人才模式，都强调共生型。

三是校企协同育人的保障机制研究。为了校企合作的顺利开展，我们不仅要具备动力，还要拥有校企合作的保障机制。叶继强（2018）提出，为促进校企合作进入更深层次，保证校企合作规范进行，校企双方必须建立相关规章制度。刘骅等（2018）认为，高校与企业共同培养高质学生的顺利进行需要注入大量资金，因此他认为解决当下"校企协同"合作存在问题的根本途径是建立多渠道资金投入机制、经费保障机制。杨帆（2017）认为，应当建立健全运行管理机制，政府作为校企合作过程的评价者和监督者，应完善监督机制，建立专门机构与组织协调各个主体，实现各方自身利益，保障校企合作的顺利开展。付世秋等（2017）指出，我国对校企合作法律保障制度不够完善，在传统背景下的有关保障校企合作顺利实施的法律法规现已经不适应当下社会需求，要根据现下社会背景和人才需求制定相关的法律法规，从而培养出适应社会需求的应用型人才。

四是校企协同育人的实践经验介绍。有学者介绍了自己所在学校或专业在校企合作、协调育人方面的做法，例如：夏英俊等（2018）以华南农业大学数学与信息学院统考学专业为例，介绍了"校企协同"人才培养模式实现路径；徐青云等（2018）介绍了山西大同大学煤炭工程学院的校企协同育人教学模式。

综上，虽然我国学者对校企合作、协同育人的研究逐渐向多元化、跨学科发展，能够让我们了解校企合作在我国的最新开展情况，但这些研究过于碎片化，没有形成系统性研究，而且研究发展不均衡，大部分倾向于校企合作现状分析，对校企合作领域、类型、模式、运行、效果、机制等方面的研究不够深入，导致难以对校企合作进行完整、全面的了解。同时，作为提高高等院校教育质量重要途径的"校企协同"人才培养模式目前在我国尚处于起步阶段，高等院校与企业之间无论是合作的形式还是内容，均没有成熟的模式可以借鉴，而且不同院校之间在办学定位、学科专业设置、学生规模、资源条件等方面差异性很大，不同专业对学生实践能力的要求也不尽相同，这就决定了采用统一的"校企协同"人才培养模式是不现实的。因此，探索适合不同学科专业特点的"校企协同"人才培养模式，以提升大学生的实践能力和创新创业能力是当前提高高等院校教育质量的现实要求。

第二节 校企协同育人面临的主要问题

一、教师、企业、学生参与度低的问题

在全方位、全过程、全融合的校企协同育人中，教师、企业、学生的广泛和深度参与是关键。因此，需要引导教师以校企协同育人为平台，主动对接企业资源和行业企业对人才能力的需求，建立专业教师定期走访企业机制，适时了解行业发展态势和人才能力需求，更新教学内容和改进教学方式方法；把校企协同育人的内容模块化或节点化，采取一定的方式，让不同的企业在协同育人中完成不同的模块或节点，进而构建起由多家企业共同参与的全过程校企协同育人体系；建立从大一开始直到大四毕业为止的一套校企协同育人内容和节点体系，让学生在不同的学业完成阶段接触到不同的企业，参与到不同的校企协同育人内容中；在师生中广泛树立大课堂理念，突破45分钟课堂边界，以校企协同教育和创新创业教育充实课外空间，打造人人皆学、处处能学、时时可学的泛在化学习新环境。

二、如何建立形成合作共赢的校企协同长效机制问题

在校企协同育人中，合作双方资源与能力的异质性与互补性的程度决定了校企双方合作动机的强弱，任何一方的实力太弱，就会使另一方的合作动机减弱，合作就难以为继，因此，要实现全方位、全过程、全融合的校企协同育人，合理选择协同育人企业是开端。同时，由于校企协同育人的建立与运行过程是一个起始于驱动机制、成长于沟通与运行机制、归结于分配机制的有机过程，因此，加强校企协同育人的过程管理，是实现校企资源优势互补的重要手

段，能促进科学、公正、合理的利益分配机制的形成，为合作的长效运行提供保障。另外，由于企业的生产经营与学校教学存在着各自的规律与特点，导致在校企合作期间难免出现时间上的矛盾冲突，为了解决校企合作的时间错位，学校应适应企业的生产经营特点与规律，突破传统的管理方式，建立有效地适应校企协同育人的人才培养模式的教学管理制度，以减少企业负担，实现校企协同育人、协同发展的办学目标。

第三节　校企协同育人创新方向

一、校企协同育人"三全"模式创新

"校企协同"育人就是将优质企业资源转化为育人资源，引入高校人才培养全过程，以创新性应用型人才培养为中心结合点，带动和促进高校与企业相互配合、支持和共赢，共同承担育人的职责。"校企协同"人才培养的特点：

一是设定的人才培养目标能够适应社会需求。由于与高等院校合作的企业是行业内的佼佼者，受聘的技术专家在行业内资历深厚、具有丰富的实践经验，对于行业的发展趋势和从业人员应具备的素质均能准确把握和清醒认识，因此，高等院校与其共同讨论研究之后设定的人才培养目标、制定的培养方案以及设置的专业课程更能够满足行业发展的要求，不至于使人才培养目标与社会实际需求相脱节。

二是能够显著提升学生的实践能力和创新能力。在校企协同培养人才过程中，高等院校通过与企业共同制定培养方案、设置专业课程引入企业的管理理念、操作流程等实践知识、经验，将其贯穿到日常的教学活动中，使教学更贴近实际，锻炼学生解决实际问题的能力。

因此，要"校企协同"开展人才培养，需要建立全过程、全方位、全融合的"三全"模式，构建从人才培养目标的设定到全方位的人才培养过程中，节点化、内容化、体系化的"三全"创新模式。

二、校企协同育人内容创新

传统的校企合作是以实习、就业用工性的末端协同育人为主，企业参与的广度和深度远远不够，不能体现全过程、全方位、全融合的协调育人。因此，现实中就出现，学校想引入优势的企业资源但不知道如何利用这种资源，企业希望参与到学校人才培养中但不知道采取什么方式参与到哪些领域之中，学生更有渴望企业参与培养的殷切要求但没有实实在在享受到校企协同的育人效益。

因此，如何丰富校企协同育人的内容，将合作企业引入到学生培养的全过程之中，根据不同的协同企业，针对性地实施不同的校企合作内容，并在其中的关键环节取得实质性突破，由此，节点化、内容化校企协同育人的内容，细化到大学四年的每个阶段，实现校企协同育人的内容固化、校企协同育人的规程固化、校企协同育人的节点固化，成为校企协同育人的重要创新内容。

三、校企协同育人运行机制创新

校企协同育人能够有效运行的关键，是要建立具有共同利益的长效机制。在校企协同育人中，学院、企业、学生均有各自的利益诉求，学校站在应用型人才培养的总体框架下，考虑如何把企业的各种优质资源尽可能地纳入教育教学体系中来，让更多学生受益成才；企业则在追求自身盈利的前提下，希望能接收到为企业直接所用且能为企业不断创造价值的人才；学生则按照自己的职业规划和职业判断，根据自己的偏好和时间，来决定自己的选择。

在校企协同育人的具体实践过程，由于许多企业看不到参与"校企协同育人"能够获得何种利益，导致其积极性不高，不愿意投入人力、物力，普遍存在"学校热、企业冷"现象，即所谓的"校企合作失灵"的挑战。因此，为激发优质企业参与"校企协同"培养人才的积极性，探索地方综合高校经管类专业校企协同的机制、方法，需要创新校企协同育人运行机制。

第四节　校企协同育人培养机制

《国家中长期教育改革和发展规划纲要（2010~2020 年)》提出，要"创立高校与科研院所、行业企业联合培养人才的新机制"。《教育部关于全面提高高等教育质量的若干意见》（教高〔2012〕4 号）也提出了要坚持"需求导向、全面开放、深度融合、创新引领"原则，"探索建立校校协同、校企协同、校地协同、国际合作协同等开放、集成、高效的新模式"。因此，如何通过校企协同育人，探索高校人才培养模式，形成校企协同人才培养机制是应用型本科院校提高人才培养质量的关键。课程教学是人才培养的主渠道，科学合理的专业课程体系是实施大学生创新能力培养的重要载体，是人才培养过程中知识呈现的重要载体和知识传播的主要落脚点，是塑造人才人文科学素质、专业素质和身心素质的实现过程。本章以财会类专业为例，将创新创业教育融入课程系统，丰富课程、创新教法、强化师资，探索具有本土特色的校企协同人才培养机制。

一、深入搭建财会类专业多元化协同育人平台

湖北民族大学经济与管理学院当前已具备一定的平台基础，分别形成了与立信会计师事务所湖北分所、恩施州财政局、恩施州内银行、正保教育集团公司、浙江衡信税友集团等合作关系，将人才培养，尤其将学生的实习实训环节与银行、政府、企业、会计师（税务师）事务所的业务和岗位培训紧密结合，做到了尽可能地与市场对接。在协同育人的内容和机制上，需要进一步深入和拓展，体现在校企协同育人主体参与到人才培养方案的设计中、企业高管和专

业技术人员到校内互动、校内外教师交流，培养双师型教师队伍、多层次的学术交流与服务等。如图 10-1 所示。

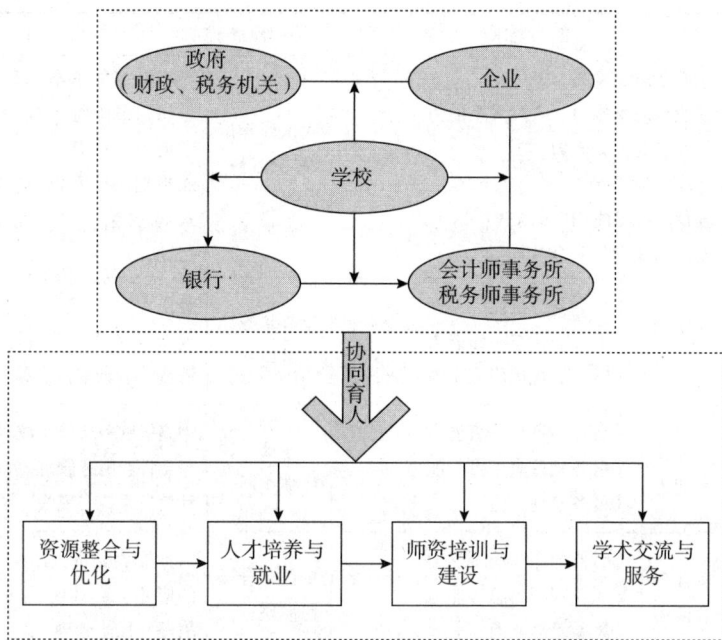

图 10-1　财会类专业多元化协同育人平台功能

二、调整供给改革侧下的财会类专业人才能力培养框架

应用型本科院校财会类专业人才主要以应用能力培养为主，按照企业岗位群对会计人才知识、能力与综合素质的要求，实现专业培养环节与产业链、课程内容与职业标准、教学与生产过程对接。在对企业（市场）财会岗位职责调研的基础上，掌握与本专业相关的就业岗位能力素质需求情况，确定职业岗位群，并细化为基本能力、专业能力和实践创新能力，确定相应的课程模块。模块课程以满足企业会计岗位需求为目标，不同岗位对应不同的课程模块，从而构建以应用能力培养为核心的模块化课程体系。以会计学专业为例，如

表 10-1 所示。

表 10-1 会计学专业人才能力培养与对应的课程矩阵表

能力培养	能力要求		课程模块	开设课程
基本能力	①政治思想素质与能力 ②逻辑思维能力、人际关系能力 ③就业与创新能力 ④语言应用能力 ⑤信息技术应用能力 ⑥国防观念与安全教育		通识课程模块（必修、选修）	马克思主义基本原理、毛泽东思想和中国特色社会主义、大学英语、体育、专业认知、职业规划、计算机应用基础、形式与政策、军事理论、就业指导
专业能力	专业基础能力	①计算与分析能力 ②语言表达与写作能力 ③财经法规运用能力与职业道德	学科基础课程模块	经济数学、统计学、管理学、宏微经济学、会计学原理、经济法、会计职业道德
	专业核心能力	①会计核算与分析能力 ②财务软件应用操作能力 ③税务筹划能力	专业核心课程模块	中高级财务会计、成本会计、管理会计、财务管理、审计学、会计信息系统、税法、税务筹划
	专业综合能力	①财务预测与决策能力 ②职业判断与思考能力 ③风险管理能力	专业综合课程模块	财务报表分析，Excel 在财务中的应用、会计制度设计、公司战略与风险管理
实践创新能力	①独立思考与判断能力 ②创新性思维能力 ③团队写作能力		实践创新课程模块	课程实训、毕业设计与毕业论文、第二课堂、创新学分、学科竞赛、专业大赛

三、财会类专业协同育人培养实施方案

（一）以市场需求为导向校企共拟人才培养方案

培养人才是高校的重要使命，如何做到有的放矢，使培养出的人才能够适应社会和时代的需要是对每一所高校提出的考验。适时组织教师及企业人员共同参加人才需求调研、超前预测分析工作，以能力为本位、素质为基础，及时

地制定出人才培养方案。在这些方案的制定过程中，学校贯彻适应性、整体性的质量观，在企业提供岗位需求的基础上，由学校与企业专家等组成的专业指导委员会通过分析岗位（群）对知识、能力、素质等基本要求，制定行业特色鲜明、适合学生可持续发展和企业需求的人才培养方案，并根据岗位需求情况及发展变化情况调整人才培养目标和课程设置，确保所培养的毕业生符合行业的需求，适应社会的发展。培养方案十分重视学生实践能力和可持续能力的培养，在实际教学中引入"做中学"的模式，尤其注重案例教学与实践教学，帮助学生通过感性认识不断提升理性思维高度。

（二）校企共建"双师"结构教学团队

"双师"结构师资队伍，是提高专业核心竞争力的关键之一，是提高教育教学质量的重要保证，也是高等院校建设、改革、发展的基础和保证。核心竞争力是围绕培养应用型人才所拥有的独特教育资源和整合这些资源而形成持续竞争优势的能力，其实质是专业可持续发展的综合实力。专业建设、实训建设和实践教学都离不开一支高素质的"双师"结构师资队伍的支撑，要求教师必须具备较高的学历和扎实的专业理论功底。经管类专业的专业属性要求教师还需具备丰富的实践经验和较强的动手能力，学校一方面选送教师到企业一线去学习实践操作，提高实践教学能力，另一方面聘请行业专家到学校进课堂承担实践教学任务，校企共建稳定的"双师"结构师资队伍确保人才培养质量。

（三）创建校企多方共同参与的教学质量评价机制

校企合作的共同目标是高端应用型人才培养，让"产品"来评价"产品"生产单位，具有权威性。高等教育的产品是学生，因而学生的质量应该成为衡量校企关系质量的出发点，也应是衡量人才培养模式成功与否的准则。因此，从受教育者的视角，研究其对教学的满意度、就业率、专业对口率、薪酬水平、在劳动力市场中的表现、用人单位的满意度等应该成为衡量合作项目质量的重要因素。工学结合人才培养模式下教学质量监控、评价与保障体系建设关系到高等教育的人才培养质量，积极探索和强化教学管理，建立并完善校企合作的教学质量监控、评价与保障体系和教学激励机制，切实落实教学质量管理目标责任。加大学生参与质量评价的力度，吸引行业企业参与人才培养质量评价，以学习能力、职业能力和综合素质为评价核心，将就业创业能力、企业满意度、社会评价作为衡量人才培养质量的重要指标，逐步形成以学校为核心、教育行政部门为引导、社会参与的教学质量监控、评价与保障体系。让社会、用人单位与学生参与人才培养全过程，让学生有接受教育的知情权，行业协会、用人单位了解人才培养过程，密切行业协会、用人单位与教育教学的联系。在课程评价、学生评价中注重学生的自我评价，培养学生自我管理意识和增强学生的责任感。邀请行业协会、用人单位人员讲授实践性课程，按照行业生产质量管理模式和职业标准考核评价学生。

第五节　校企协同育人实践

一、校企协同组建人才实验班

湖北民族大学经济与管理学院和浙江衡信教育科技有限公司深入合作，组建经管人才实验班（财税工商方向），对学生专业能力、方法习惯、职业素养、工具软件四个能力维度进行针对性培养。学生在公司财刀网中经过 2 个多月的财会网络课程学习后，考试选拔出 45 名学生正式组建经管人才实验班，实验班学生一方面通过网络课程开展学习，完成企业导师定期发布的与职业能力相关的工作任务，并考取 CMAC 资格证书；另一方面，学院组织教师带领实验班学生到浙江衡信教育科技有限公司，开展企业实务参访和专业实训，由企业导师为学生进行实务讲解和现场演练。经管人才实验班毕业时，全部由公司推荐实习和就业岗位。

二、校企协同共建实践教育学院

学校与杭州东方文化园旅业集团建立实践教育学院，开展三个方面的实践教学：

第一，学院每年选派 20 名左右学生到集团所属杭州太虚湖假日酒店有限公司实习实训，学生在酒店的客房、前厅、餐饮等部门定期轮岗，同时引入竞争机制，酒店客房、前厅、餐饮等各部门都面向实习实训学生开放一个中层管理岗位，学生通过竞争确定进入该中层管理岗位的人选，培养和锻炼学生的岗位管理能力。

第二，集团选派岗位能手，为学生开展旅游管理课程实训教学，包括客房实训、中西餐饮实训、茶艺技能实训等。

第三，集团捐赠出资 12 万元，组建卓越文旅人才班，该班以培养学生创新创业能力为主导，学生团队以创新创业项目的形式通过评审后进入卓越文旅人才班，围绕创新创业项目的完成对学生开展系列教育活动，如创新创业沙龙活动、校外资源对接活动、创新创业竞赛等。

三、校企协同构建企业参访新机制

为拓展学生的视野，对接社会、行业对学生能力的需求，激发学生的专业学习热情和兴趣，夯实专业实习和就业基础，湖北民族大学经济与管理学院根据学生所学专业，利用暑期组织学生分组开展为期一周的企业参访。每组选拔 10~15 人由带队老师分赴参访企业，参访企业达 16 家。参访的内容包括：参观企业经营实景、了解企业生产经营流程、与企业管理层和岗位负责人交流沟通与互动等。企业参访结束后，学院要求参加参访学生在各自班级进行心得交流，带队教师在全院教师大会上汇报交流，并把参访成果融入人才培养和课堂教学之中。

四、校企协同线上教育与线下实习

以北京正保会计教育科技有限公司为支持单位，开展以"互联网+"为背景的财会专业岗位能力培养。利用公司互联网云平台和大数据技术整合的行业、企业和教育资源，完善的职业发展与就业指导课程体系，全面提高财会大学生的"应岗能力"，力求让学生做到"强化实操""熟悉行业""提升素养"；将职业技能实训与行业岗位相融合，分行业、分阶段进行岗前综合实训，让学生更有针对性地学习本行业知识，更早接触诸如审计事务所、会计事务所等的财会、审计相关知识和技能；采取"互联网+实习就业"模式，充分利用线上线下、双师教学等新颖的教学手段，充分调动学习积极性，将企业用人需求和教育目标有机结合；北京正保会计教育科技有限公司为项目组的学生提供直接的实习和就业岗位。

五、校友一对一指导

校友资源是高校的宝贵财富，也是高校办学可以依赖的可靠资源之一。因此，充分发挥校友的优质资源，利用校友自身的影响力和资源平台，发挥校友在学生职业规划、学业完成、实习就业等方面的作用，为在校的师弟师妹们的成人成才提供指引、指导和便利条件，是深入推进协同育人的有效途径，也是校友反哺母校的一种重要方式，更是校友对母校情感和感恩的一种表达。为有效实施校友指导一对一，学院制订实施了指导计划。

第六节　校企协同育人成果与示范效应

一、校企协同育人内容创新

突破以实习、就业用工性的末端协同育人，丰富校企协同育人的内容，将企业引入到学生培养的全过程之中。根据不同的协同企业，针对性地实施不同的校企合作内容，具体包括：

（1）学生参访体验的校企协同育人内容。为使学生了解企业场景、岗位内容、能力要求等，新生入校后组织到实习基地和企业参访体验，了解企业及其经营过程；暑假组织大二、大三学生，到相应企业参访体验，了解专业岗位内容和能力要求。

（2）职业能力培养的校企协同育人内容。为提升学生的职业能力和职业素养，以更好适应职业需求，组建校企实验订单班，开展职业能力培养。如与浙江衡信教育科技有限公司组建"衡信财税工商订单班"，对学生专业能力、方法习惯、职业素养、工具软件四个能力维度进行针对性培养。

（3）课程开发共建的校企协同育人内容。充分利用合作企业在职业教育方面的优势，将职业教育内容纳入校内课程内容体系中，对人才培养方案中的既有课程进行开发共建。如与北京正保会计教育科技有限公司（原中华会计网校）开发共建《中级财务会计》理实一体化教学平台。

（4）创新创业教育的校企协同育人内容。与校外企业共同开展创新创业教育，其内容除了校外专家的创新创业内容的讲座、创新创业项目辅导外，主要是联合举办创新创业赛事、共同指导学生的创新创业比赛项目、为学生的创业项目对接人财物及技术等资源。

二、校企协同育人机制创新

（一）模块化节点化可持续的校企协同育人机制

作为提高高等院校教育质量重要途径的"校企协同"人才培养模式目前在我国尚处于起步阶段，高等院校与企业之间无论是合作的形式还是内容均没有成熟的模式可以借鉴，而且不同院校之间在办学定位、学科专业设置、学生规模、资源条件等方面差异性很大，不同专业对学生实践能力的要求也不尽相同，这就决定了采用统一的"校企协同"人才培养模式是不现实的。在"校企协同"育人模式中，最重要的是两个问题：校企协同育人的内容、校企协同育人的机制。

在校企协同育人的内容方面，传统的校企合作是以实习、就业用工性的末端协同育人为主，企业参与的广度和深度远远不够，不能体现全过程、全方位、全融合的协调育人。因此，现实中就出现，学校想引入优势的企业资源但不知道如何利用这种资源，企业希望参与到学校人才培养中但不知道采取什么方式参与到哪些领域之中，学生更有渴望企业参与培养的殷切要求但是没有实实在在享受到校企协同的育人效益。因此，我们要丰富校企协同育人的内容，将合作企业引入到学生培养的全过程之中，根据不同的协同企业，针对性地实施不同的校企合作内容，并在其中的关键环节取得实质性突破。由此，模块化校企协同育人的内容，细化到大学四年的每个阶段，实现校企协同育人的内容固化、校企协同育人的规程固化、校企协同育人的节点固化。

在校企协同育人的机制方面，校企协同育人中，学院、企业、学生均有各自的利益诉求，学院是站在应用型人才培养的总体框架下，考虑如何把企业的各种优质资源尽可能地纳入教育教学体系中来，让更多学生受益成才；企业则是在追求自身盈利的前提下，希望能接收到为企业直接所用且能为企业不断创造价值的人才；学生则是按照自己的职业规划和职业判断，根据自己的偏好和时间，来决定自己的选择。在校企协同育人的具体实践过程，由于许多企业看不到参与"校企协同育人"能够获得何种利益，导致其积极性不高，不愿意投入人力、物力，普遍存在"学校热、企业冷"现象，即所谓的"校企合作失灵"的挑战。如何激发优质企业参与"校企协同"培养人才的积极性，探索地方综合高校经管类专业校企协同的机制、方法，是关键之所在。因此，我们根据不同的企业所能提供的资源，建立不同的校企协同育人运行机制，给学生更多丰富的选择，平衡学院、企业、学生三方利益。

（二）优秀校友指导在校大学生的泛化型校企协同育人机制

高校的校友数量庞大，分布在各行各业，因此，不但校友本身是学校协同育人的重要资源，而且校友所在单位及校友的关联单位，更是协同育人的重要校外资源。如何充分利用这些资源？校友捐赠是一种方式但不是唯一且最好的方式。我们认为，优秀校友指导在校大学生，形成泛在化的校企协同育人机制，是一种有效且受益学生面广的良好方式。

校友对在校大学生的指导，是校友反哺母校的一种方式，是校友践行社会责任的一种方式，是校友一种情感、感恩的表达，也是学校充分利用校友的优质资源，深入推进协同育人，发挥校友在学生职业规划、学业完成、能力培养、实习就业等方面作用的重要途径。在指导内容上，校友根据自身对社会发展、行业和产业动态的了解，对学生未来的职业规划进行指导；校友根据自身所从事的职业和岗位，对学生需要学习的内容、需要培养的能力、需要塑造的人格等进行指导；校友利用自己的资源优势，为学生的岗位体验、短期实习、毕业实习等推荐平台和岗位，为学生毕业时的就业提供指导；校友利用自己的从业经验，为毕业生的岗位适应、职业发展进行指导。在指导方式上，充分利用电话、邮件、QQ、微信等信息手段，以远程联络为主，当然校友也可以选择不定期到校，对在校学生当面指导。

三、校企协同育人示范效应

（1）可持续的"三全"校企协同育人模式示范效应。本项目实现学生培养全过程中的校企协同育人，与专业教育、创新创业教育全融合的校企协同育人，课内课外全方位的校企协同育人，大一到大四可持续的校企协同育人，进而建立起可持续的全方位、全过程、全融合"三全"校企协同育人模式。

（2）校企合作共赢的校企协同长效机制示范效应。校企协同育人是提升学生实践创新能力的重要途径，但无论是合作形式、内容，还是合作成效，目前都还处于浅层次阶段，存在"学校热、企业冷"现象，即校企合作失灵状态。期望通过一家企业全过程、全覆盖、深层次地参与到从新生入学到毕业就业的整个培养环节中，是不现实的。本项目将校企协同育人的内容模块化或节点化，采取一定的实践机制，让不同的企业在协同育人中完成不同的模块或节点，进而构建起由多家企业共同参与的全过程校企协同育人体系，建立起学校、企业、学生合作共赢的校企协同长效机制。

（3）优秀校友一对一指导在校大学生机制的示范效应。优秀校友指导在校大学生的内容是全面的，指导方式是灵活的，指导时间是持续的（直至学生毕业后的职业发展），指导过程是可控的，指导结果是可预期的。因此，这种模式和机制，具有很强的示范效应。

第十一章　未来发展与构想

当下是信息化、大数据、人工智能的时代，新兴技术带来的直接影响就是管理手段与方式的变化，更多高技术含量以及具有明显现代技术特征的管理手段被创新和发展出来，并且逐步应用到了实际的过程中。例如，德勤机器人，预示着正式将人工智能引入会计、税务、审计等财务工作领域中，一个全新的时代到来了。技术革命和产业变革、经济社会发展的转型发展，使得社会对应用型人才需求发生变化。为适应这些变化，当前的国家教育政策、教育教学理念等也处于调整之中，应用型人才培养进入重要的供给侧改革阶段。地方高校应该积极地适应这种变化，优化知识技能结构，学习适应新的工作内容和工作方式，开启环境变化对经济管理职业影响及经管类专业教育教学改革的研究。本章以湖北民族大学会计学专业为例，探索与企业实际业务及人才需求紧密相关，蹚开新型应用型经管人才培养之路，探讨未来建设与发展之策。

第一节　未来建设与发展的整体设计

主动对接武陵山片区行政事业单位、企业等会计职业需求，推进全过程、全方位、全融合的校企协同育人，推动创新创业教育与专业教育紧密结合，强化创新创业实践，构建"互联网+高等教育""会计+新技术"的新文科形态，实施以学生发展为中心的课堂教学革命，形成人才培养质量持续改进机制，提升会计人才培养的应用型、复合型和创新型。

一、培育大课堂文化，推行线上线下相结合的教学模式

在师生中广泛树立大课堂理念，突破45分钟课堂边界，以专业教育和创新创业教育充实课外空间，打造人人皆学、处处能学、时时可学的泛在化学习新环境；以特色课程为示范，推行小班化教学和翻转课堂，构建线上线下相结合的教学模式，引导教师把现代信息技术与教育教学深度融合。

二、培育开放共享文化，推进实践创新教学平台功能建设

契合应用型、复合型和创新型会计人才培养需求，树立开放共享理念，推进省级重点经济管理实验教学示范中心功能升级与转型，形成校内校外开放共享、专业教育实践与创新创业教育实践充分结合、运作高效的创新创业教育和实践平台。

三、培育产教融合文化，推进全过程、全方位、全融合的协同育人

完善会计学专业协同育人体系和校企共商共议机制，突破以实习、就业用工性的末端协同育人方式，模块化、节点化校企协同育人内容，推行特色课程开发、双向双师培养、协同育人平台建设、协同育人实践教学、协同创新创业的五位一体，实现全过程、全方位、全融合的协同育人，形成合作共赢的校企协同长效机制。

四、培育教育质量文化，推进以学生为中心的教师能力建设

坚持以本为本，引导专业教师教书育人和自我修养相结合；建立专业教师

定期走访企业机制，适时了解行业发展动态和人才能力需求，更新教学内容和改进教学方式方法，以专业核心课程为重点打造"金课"；完善老中青教师的传帮带机制，着重培养青年教师的教学能力；围绕专业建设内容，开展一月一次的主题教研活动；完善校企师资双向交流机制，推进专兼职教师队伍建设。

五、培育能力生态文化，推进专业教育、实践教育、创新创业教育一体化

开设创新创业课程，在会计学专业实践教学中加大创新型实验的比重；鼓励专业教师参加创新创业培训，探索创新创业实践的校企联动机制，实现校外创新创业导师讲座和沙龙活动常态化；支持学生在完成学业的同时，获取专业内和专业外的多种资格和能力证书，引导学生全面发展。

六、培育新文科文化，推进会计学专业教育与新技术匹配性发展

树立新文科理念，推进专业教育与科技革命和产业变革交叉融合；鼓励学生综合性跨学科学习，选修技术类课程；增加人文和数理课程的比重，增设大数据分析技术与工具、供应链管理、财务决策等专业拓展课，推动人才培养向"管理型会计"迈进。

七、培育持续改进文化，推进学生职业能力和教师育人能力评价常态化

完善毕业生培养质量跟踪调查和行业企业外部评价机制，畅通内外评价信息渠道；完善学生学习效果评价机制，既注重"教得好"又注重"学得好"；基于毕业生职业发展能力和学生学习效果，构建教师育人能力评价体系，形成人才培养质量持续改进机制。

第二节　校企合作共建产业学院

深度的校企合作，系统的协同育人，是地方高校应用型经管人才培养的重要途径，校企合作共建产业学院是有效的路径之一。下文以会计学专业为例，探讨管理会计产业学院的建设问题。

一、行业发展背景分析

（一）管理会计体系建设：行业深化改革

我国经济的高速发展，使会计行业的发展同时面临挑战和机遇。改革开放以来，我国会计工作的改革与发展取得显著成绩，会计人才培养和队伍建设也取得显著成效。目前面临新时代中国特色经济发展的特殊时期，经济要转型，产业企业要创新升级，迫切需要继续深化会计改革。大力培养管理型会计人才，切实加强管理会计工作，是行业改革的重要方向，更是企业建立和完善现代企业制度、增强价值创造力的内在需要。为此国家财政部颁布了《关于全面推进我国管理会计体系建设的指导意见》，明确提出要"鼓励高等院校加强管理会计课程体系和师资队伍建设，加强管理会计学专业方向建设和管理会计高端人才培养，与单位合作建立管理会计人才培养基地，不断优化管理会计人才培养模式"。同时，《管理会计基本指引》和《会计改革与发展"十三五"规划纲要》的颁布，进一步为管理型会计的人才培养指明了方向。

（二）管理型会计：人才市场紧缺

在新时代中国特色经济新常态的宏观背景下，各企业要适应社会发展需要，实现产业创新升级，需要大量管理型会计人才来辅助企业加强战略管理、财务管理和绩效管理，而且企业规模越大，公司管理越完善，对管理型会计人才的需求越强烈。但目前国内的管理型会计人才有 300 万缺口。《会计"十三五"规划》中，也将管理型会计列为"行业急需紧缺人才"。而作为培养管理型会计人才的重要摇篮——高校，对管理型会计的培养和供给相对滞后。目前全国 4000 多所本、专科院校专设管理型会计学专业方向的不足 20 所，大部分院校的人才培养方案还是以核算类会计课程设置为主，每年为社会输送管理型会计学专业的应届毕业生不到 1000 人。高校对管理型会计人才的供给缺乏，供给量与社会需求之间矛盾突出，对企业创新发展、经济转型升级带来重要影响。

（三）信息技术发展：会计管理职能增强

当前，信息技术飞速发展，大数据、人工智能、移动互联、云计算、区块链等已经广泛应用于生产生活的各个方面，对我国经济的转型发展产生了强大冲击，更显著地改变了会计的运行方式，影响到会计职业的未来。一方面，企业利用互联网、大数据发展会计的信息职能，通过资源共享、融合来发挥会计数据在分析、预测和决策领域的重要作用，使会计的核算职能不断减弱，管理职能更加增强；另一方面，利用人工智能迅速处理会计核算事务，帮助财会人员从复杂的系统中提取和筛选有效信息，让业务的处理流程大大简化，从而提高了会计的工作效率和质量。可以说，随着信息技术的发展和运用，对会计人才的需求产生了重要变化，企业对会计的信息管理能力、全面预算能力和风险管理能力等都提出了很高的要求，也对高校开设管理会计学专业、培养管理型会计人才寄予了希望。

二、产业学院建设目标定位

坚持立德树人，紧密围绕当地社会经济发展战略部署和会计行业发展趋势，对接经济转型发展和市场需求，构建"思政课程"和"课程思政"育人体系和长效育人机制，达到"三全育人"目的，培养具有社会主义道德品质和会计职业道德的高素质管理型会计人才。依托校企合作产业链，创新人才培养方案，形成具有区域乃至全国影响力的课程体系和专业课程标准。顺应会计行业和信息技术融合趋势，引入大数据、人工智能、移动互联、云计算、区块链等技术，建设"智慧+"的"高校一体化教学平台"和现代"财务共享中心"，打造"产、学、研、训、创"五位一体的集成实践平台。开发教学资源，改革教学方法，推进混合式、模块化教学方式改革，积极采用项目驱动、案例分析等教学方法。加强教师培训，提升教师素质，努力打造一支专兼结合、德技双馨的"双师型"教师团队，形成"整体设计产业学院建设方案、强化实践基地建设、重点进行教学改革、服务学生更高质量更充分就业"思路，努力建成符合当地经济建设需要、企业认可的产业学院。

三、产业学院建设内容设计

（一）深化产教融合，构建"3322"人才培养模式

以习近平新时代中国特色思想为指导，通过校企合作，深化产教融合，积极探索创建产业学院。坚持立德树人、三全育人和五育并举理念，以《中国管理会计职业能力框架》和市场调查"企业对管理型会计能力和素质要求"结果为标准，以建构主义教育理论为引领，以学生职业发展为主线，努力构建培养设计三对接、课程内容三改革、学习管理二严格、职业能力二证书的"3322"人才培养模式，培养高素质的应用型、管理型会计人才。

培养设计三对接，即通过校企合作产业链，共同举办产业学院，在管理型会计人才培养的顶层设计上将学校培养和工作实际相对接：课程内容与工作内容对接，梳理会计岗位群及其主要工作内容清单，构建专业课程体系，选择和组织课程内容，实现课程内容与工作内容对接；教学过程与工作过程对接，梳理会计岗位群工作流程和技能，设计教学过程，实现教学过程与工作过程对接，就业指导与人才市场对接。根据企业对管理会计的任职要求和岗位职责，对学生进行包括职业生涯规划、职业素养修炼和求职技能培训三个阶段的全面

就业指导，实现就业指导与人才市场对接。

课程教学三改革：一是理实一体化课程改革，以应用型、管理型、创新型人才为培养目标，共建课证联通、课岗融通、课赛融通、课创贯通的"四通"课程和产学研用一体化的课程体系，进行理实一体化课程改革；二是实践课程内容改革，根据会计工作岗位能力要求，以《普通高等学校本科专业类教学质量国家标准》要求为标准，改革实践课程内容，形成与经济社会发展新常态相适应、与行业企业会计岗位工作内容相一致的实践课程体系；三是就业指导课程教学改革，以学生就业为导向，构建系列化就业课程，安排全学程开设就业课程，强化求职技能培训，进行就业指导课程教学改革。

学习管理二严格：一是严格学习过程管理，以学生职业发展为核心，激发学习动力、引导学习兴趣，加强学习管理，提高学习质量，利用互联网技术，实时记录学生在线学习数据、测试反馈和阶段动态综合排名，刻画学生的职业能力肖像，运用区块链公证技术，为学生的成长和发展积累数字资产，对学习过程进行严格管理，保障学习时间和学生有效参与学习；二是严格学习结果管理，按照会计人才成长规律和职业发展路径，对学生的职业能力进行评价，严格学习结果管理，保障学生知识、能力不断提高。

工作能力二证书，即培养管理型会计人才，促进学生专业能力提高，使学生在保证取得毕业证书的基础上，获得相关职业能力证书，如美国注册管理会计师（CMA）证书等。

（二）创新人才培养体系

围绕产业企业对管理型会计人才需求，依据对应岗位（群）的知识、能力和素养标准，按照"3322"管理型会计人才培养模式，构建职业能力框架、重构课程逻辑体系、开发课程资源。

1. 构建职业能力框架

围绕经济社会发展趋势，关注"大、智、移、云、区"技术驱动，聚焦会计行业转型发展，面向智慧财税共享、智慧决策支持、财金数据收集与分析等岗位，确定管理型会计人才培养标准，构建职业能力框架（见图11-1），实现"项目化业务工作体系→模块化课程体系→智能化教学体系"转化，打通产教融合、资源融合、学岗互通、学分置换"四大通道"，创建集德、智、体、美、劳"五位一体"的学生成长空间，不断提升学生在智慧财经工作领域中的工作适应性和岗位竞争力，实现学生德技双馨、全面可持续发展。

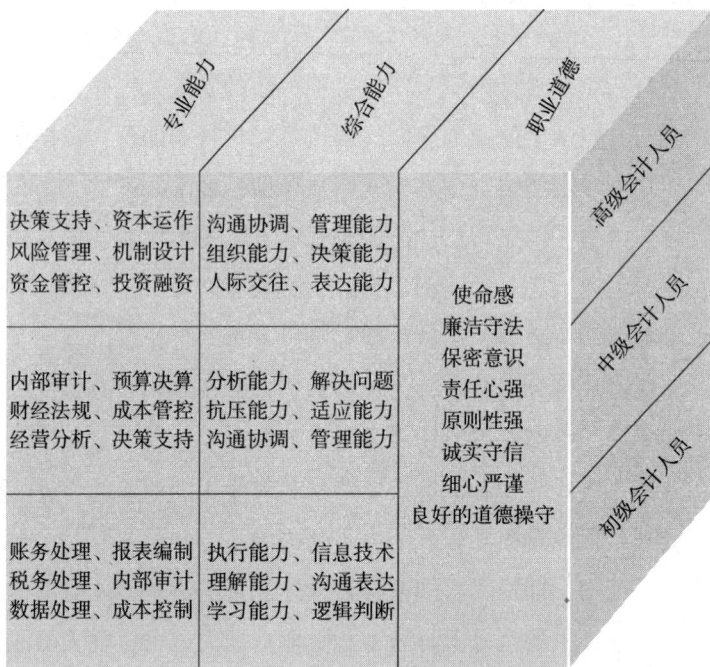

图 11-1　管理型会计职业能力框架

2. 重构课程逻辑体系

按照"三对接"的培养模式，突出职业知识、能力和素养等核心职业要素。首先，重构包括公共课程、专业基础课程、专业核心课程、专业方向课程，并涵盖有关实践教学环节的创新课程体系。强化思政类课程和职业道德课程，增加管理类课程，加大实践课程比例，融合"财务共享服务"等职业技能课程、管理型会计特色实践课程和就业指导特色课程。其次，树立"生物基础新课程观念"，体现理论实践一体化课程思路，设计各类课程的逻辑顺序、比例结构和课时安排。再次，制定课程内容标准。最后，制定课程考核方式和包括第三方评价在内的人才评价体系。

3. 创新专业课程内容体系

为适应现代企业对财经人才的基本要求，以及中国智能制造业转型升级对财经人才的需求转变，依托多元化人才培养路径，构建以综合能力培养为导向的专业课程内容体系，实现课程内容"双通"。一是引入企业真实业务，融入管理会计岗位的工作规范、工作任务、工作流程和工作技能标准内容，达到"课岗融通"；二是关注行业和信息技术的发展成果，通过编写创新的"新型活页教材"，将专业课程内容和智能技术、信息技术内容相融合，体现"课创贯通"。

4. 建设内容丰富的专业课程资源库

按照国家教学资源库标准，融入职业技能标准，遵循"一体化设计、结构化课程、颗粒化资源"的构建逻辑，建设核心课程教学资源库，实现"能学、辅教、助培"的目标。建设完善一套适应数字经济时代管理型会计人才培养要求的教学资源库（见图11-2），包括课程标准、教学设计、学习指南、

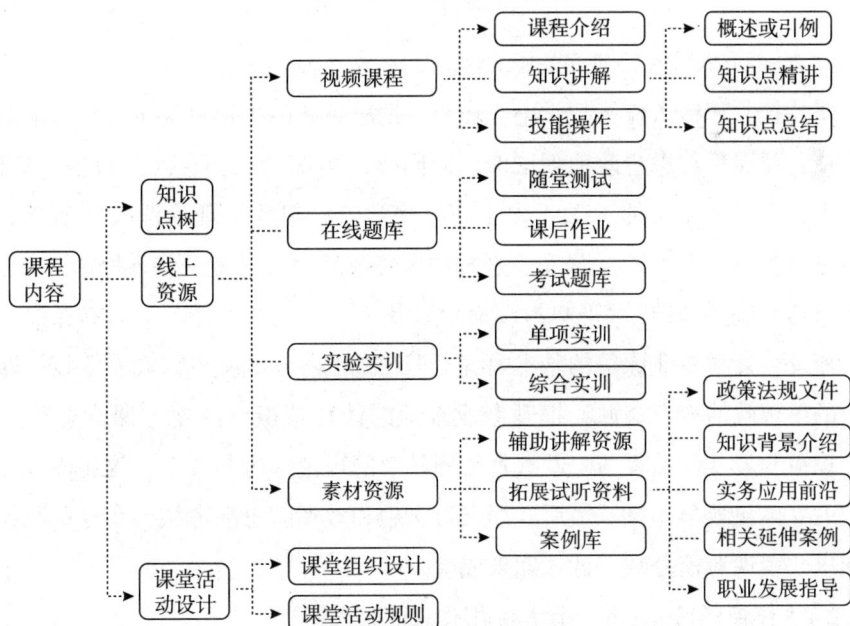

图11-2 课程资源体系结构

视频课程（微课、动画演示）、动画演示、PPT 讲义、习题试题、典型案例、讨论话题、实验实训资料、案例库、辅助讲解及拓展阅读等多种形式，形成教学内容知识点化、教学形式多样化、教学管理信息化，满足线上线下混合教学模式的实施要求。

课程资源库在内容上具有前瞻性，考虑经济环境、法制建设、金融市场、信息技术等对会计工作的影响，力保课程内容体现最新实务应用、当前及未来岗位能力要求；知识点体系依据企业的经济活动（业务流程或发生事件）进行构建，而不是概念、特征、目标等对教材内容的机械拆解；形式上至少包括知识树、视频课程、题库、案例、讨论及思考题、线下活动设计、实训（实验）设计及其他拓展阅读资源等方面；教学逻辑上遵循从感性到理性、从具体到抽象、从个别到一般的认知规律；具体指标上，借助校企合作产业链，积极进行线上线下课程教学资源研发，真正建成丰富的、多门类的专业课程资源库。

（三）推进教学方法改革，打造学习型课堂

1. 坚持立德树人，将思想政治教育融入教学全过程

坚持把立德树人作为教学中心环节，把思想政治工作贯穿于教育教学全过程，使各类课程与思想政治理论课同向同行，实现"三全育人"目的。首先，按照中办和国办印发的《关于深化新时代学校思想政治理论课改革创新的若干意见》要求，开好"毛泽东思想和中国特色社会主义理论体系概论""思想道德修养与法律基础""形势与政策"以及"会计职业道德"等必修课程。其次，梳理会计学专业课程的基本内容，深度挖掘各专业基础课和专业核心课程蕴含的思想政治教育资源，提升专业教师的德育意识，树立"课堂思政"理念，积极开展专业课程与思政教育协同教学的理论探讨与改革，构建德智交叉育人的立体化教学体系。最后，加强对学生和教师的思政考核，在专业课程中增加思政表现考核分数，计入期末成绩。

2. 依托互联网+技术，打造智能化教学模式

以建构主义教育理论为指导，以学生自我建构为中心，考虑学生大多偏于

形象思维型的智能特点，结合会计岗位真实工作过程和"双通"课程实际，依托互联网+技术，主动构建"混合教学"和"翻转课堂"等教学模式；大力推行"理实一体化教学"和"纯实践教学"方式，积极推进项目式、案例式与团队学习等行动导向教学法。彻底改革教学模式、手段和教学方法，真正建立以学生为中心的特色教学模式，实现培养应用型、管理型、创新型的高素质管理会计人才目标。

3. 利用智能化教学平台，打造线上线下混合学习环境

根据"互联网+"的教学特点，依托"大智移云"现代网络技术，校企共建智慧云课堂专属教学平台、开发线上线下混合教学工具，实施基于智慧云课堂的"课堂革命"，进行线上线下混合教学改革（见图11-3）；以学校教学场景为基础，以学生为中心，以能力培养为目标，探索学生问题导向、项目探索、线上学习线下讨论、合作学习等学习方式，搭建全 WiFi 接入、方便学生随时随地学习、线上线下混合智慧学习的环境，激发学习者的兴趣，营造独立思考、自由探索、鼓励创新的氛围，实现课前、课中、课后有机联动。真正实现教学方式从以教师的"教"为中心向以学生的"学"为中心转变。

4. 强化"三段式"培养，提升财会职业软能力

根据企业对管理型会计的任职要求和岗位职责，对学生进行分层逐级的职业生涯规划、职业素养修炼和求职技能培训"三段式"职业软能力培养（见图11-4）。

第一阶段，针对大一新生特点，着重进行职业启蒙认知与职业生涯发展规划的教育，通过科学的自我测评和自我认知，引导学生进行职业认知、职业生涯规划、学涯规划和自我管理，帮助学生明确职业目标，建立"成长银行"，实现成长规划预警，使学生有目的、有计划地为就业做好准备。

第二阶段，针对中高年级学生特点，进行职业素养能力提升培养，让学生学会沟通、学会合作、讲究职业礼仪，养成良好的职业习惯，符合用人单位的企业文化要求，适应从学生到职场人的角色转变，就业后能够很快融入企业，顺利工作。

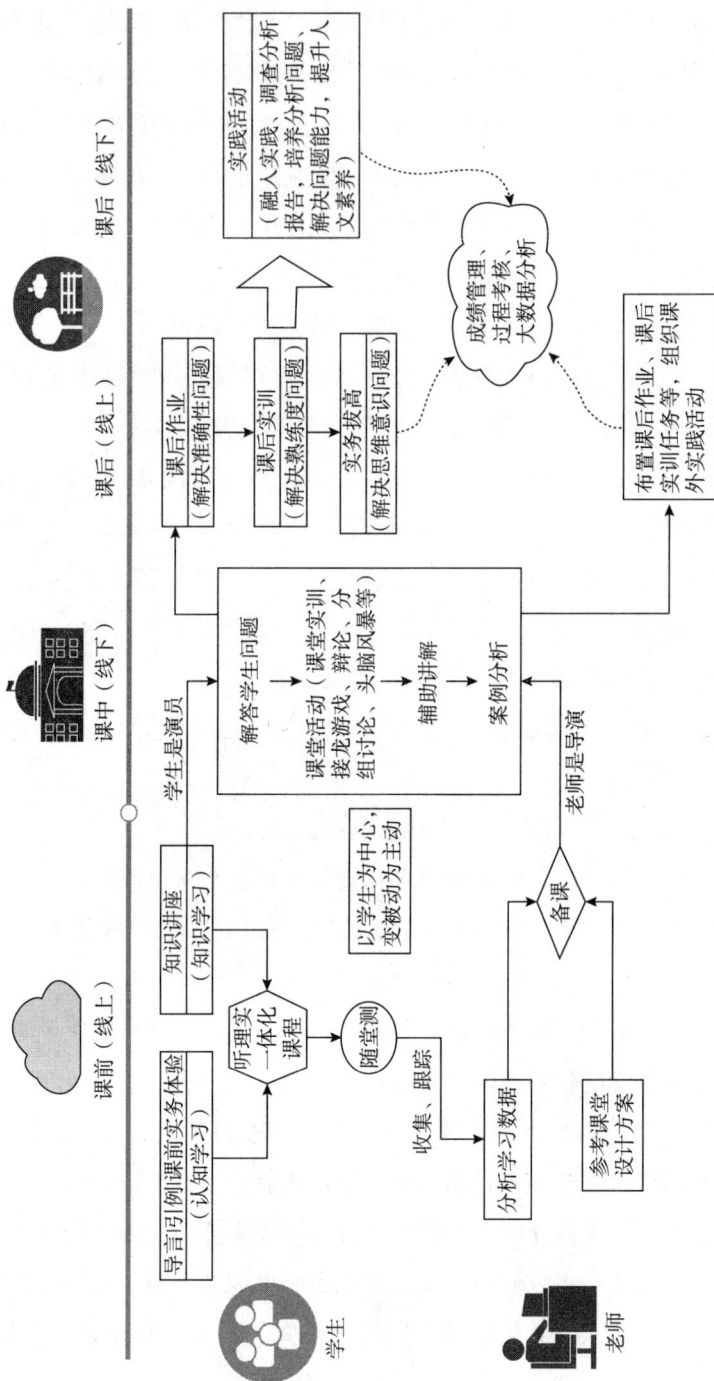

图11-3 线上线下混合教学模式

第三阶段，针对应届毕业生求职需求，加强求职技能训练与就业指导，对学生进行岗位能力、工作技巧、职业素养、简历撰写、面试技巧等岗前集训。借助合作企业教学平台的职业能力测评系统和大数据，评价学生的学习情况、鉴定学生的职业技能等级，刻画学生"专业能力肖像"、分析学生的岗位胜任能力，结合当前就业形势，帮助学生找准职业定位，推荐学生实习就业。

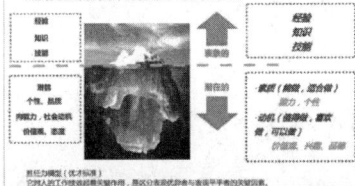

图 11-4　职业素质能力三段式培养体系

（四）建立不同服务平台服务地方经济社会发展

1. 服务地方财税向智能化转型

成立财税咨询中心，利用教师科研成果，联合地方财税服务公司研发智能化服务平台，为当地中小企业提供财务共享中心建设、开发核算系统、核算型会计转为管理型会计以及企业财务创新等方面的咨询，助力企业健康发展。

2. 服务教师发展

建立教师培训基地，成立财务教师联盟，借助合作企业"双师型"教学团队的实践教学经验，转化形成"双师型"教师培养规范、校企合作师资培训手册、"双师型"教师培养系列课程等成果。开展区域性的师资培训活动，培训当地教师成为"双师型"教师。

3. 服务企业财务人员发展

建立继续教育培训中心，实行学分银行评价管理制度，为当地产业园区和企业开展职工开放式学习打造终身教育体系。面向新财会、新财税、财经大数据分析等岗位群从业人员，提供以提升职业能力为核心的各层次学历继续教育；培训当地企业会计人员转型管理型会计，提高当地在职会计人员素质。

四、产业学院运行监控保障机制

（一）成立管理委员会，为产业学院持续发展保驾护航

组建由高校领导、合作企业和地方政府三方领导，专家和骨干教师组成的产业学院管理委员会，制定管理委员会章程和决策制度，健全完善学院建设管理委员运行机制，在共同研讨确定学院建设规划、人才培养、课程设置等方面建立会商制度，重点开展年度专业质量报告的审议评估，为学院可持续发展提供智力支持与行动保障。

（二）依托大数据质量监控云平台，实施办学质量跟踪预警机制

按照课程标准，建立专业培养目标—课程目标—课堂教学目标贯通的目标链。依托大数据质量监控云平台及时采集学院各方面建设状态数据，在对数据进行统计、分析的基础上，监测专业建设目标任务完成情况，形成年度专业质量报告，实施专业建设诊改机制。

（三）依托在线教学平台，实时监控人才培养目标达成度

依托合作企业在线教学平台，实时采集专业课程教学状态数据，通过任课教师实施课堂教学质量在线检测和实时跟踪诊改，不断提升课堂教学质量，不断提高学生学习目标达成度。着力推动对照专业教学标准对毕业生能

力达成度进行检验评价，形成课程诊改报告，并对培养目标、课程体系及教学标准进行教学诊改，以全方位的诊改机制，全面保障专业群人才培养质量的高水平提升。

（四）依据人才培养方案，实施产业学院建设绩效考核机制

依据人才培养方案，制定产业学院运行、教师教学和学生学习等管理制度，落实课程、实践基地和教师教学体系年度建设任务，明确年度建设目标、任务、措施及其预期效果。实施定期自我诊改制度，保证产业学院建设与教学质量持续提升。对照建设目标和标准实施定期沟通反馈，保证产业学院建设任务的达标完成。

第三节　智能时代专业融合与重构

一、智能时代专业融合与重构背景分析

会计人才是我国经济健康持续发展中不可或缺的促进力量，是维护市场秩序、推动科学发展、促进社会和谐的重要力量。财政部发布的《会计行业中长期人才规划（2010~2020年）》提到，到2020年，会计人才资源总量稳步增长，增长40%；人才素质大幅提高，结构进一步优化，力争使各类别高、中、初级会计人才比例达到1∶4∶5，人才规模效益显著提高。加强会计人才队伍建设，尤其是以能力建设为核心的会计人才培养，不仅关系到提高会计行业核心竞争力、确保会计工作促进经济社会发展的职能作用有效发挥，而且关系到贯彻落实国家人才强国战略、加快建设会计人才强国的大局。

进入21世纪后，经济全球化势不可当，企业感受到了在财务架构、财务制度、财务流程、财务决策等各方面与世界接轨的重要性；大智移云区等新兴

技术的发展，促进了财务共享、智能财务等全新财务模式的产生，也使得财务流程和组织模式发生了重大变化。会计职业领域已从传统的记账、算账、报账为主，拓展到内部控制、投融资决策、企业并购、价值管理、战略规划、公司治理、会计信息化等高端管理领域，甚至在商业模式重构方面，发挥着重要的作用。然而，我国现有人才结构和总体水平并不能满足经济快速发展的需求，会计人员素质整体不高，大部分人员仍只具备基础会计知识，实战技能和业务能力不强，信息处理能力和管理意识缺乏，难以适应岗位能力的要求。作为最主要的人才培养基地，高等院校会计学专业教育面临着诸如办学条件较差、"双师型"专业教师数量不足、教学质量保障体系不完善等问题，导致人才培养质量与社会需求严重不符，教育教学改革走到了风口浪尖。

为全面提高人才培养能力，加快形成高水平人才培养体系，国家层面重拳频出，陆续推出《关于加快建设高水平本科教育 全面提高人才培养能力的意见》（以下简称"新时代高教40条"）、"六卓越一拔尖"计划2.0等政策。为响应教育政策号召，提升专业建设水平，培养智能时代用人单位需要的会计人才，根据智能时代会计实务应用前沿和产业发展趋势，结合中国"会计学专业教育"的发展需求，推出"智能时代会计类专业融合与重构"，探索产教深度融合、校企一体化办学的创新教育模式。

"智能时代会计类专业融合与重构"是把加强内涵建设和提高会计教育教学质量，提高会计职业人才的综合职业能力作为重点，提升教师课程改革和教学资源开发能力，丰富学校、学生和社会学习者学习资源，实现培养高素质、高技能会计人才培养目标，有利于促进行业、企业参与职业教育人才培养全过程，实现专业设置与产业需求对接、课程内容与职业标准对接、教学过程与生产过程对接、职业教育与终身学习对接，提高人才培养质量和针对性。智能时代会计类专业融合与重构是深化产教融合、校企合作，推进工学结合、知行合一的有效途径；是全面实施素质教育，把提高职业技能和培养职业精神高度融合，培养学生社会责任感、创新创业精神、实践能力的全新探索。

二、智能时代专业融合与重构方案设计

以智能时代为背景，以培养具有高素养适用型、技能型会计专门人才为目标，通过系统整体设计、先进技术支撑、网络化运行、持续更新的方式，创新校企合作体制机制，深化人才培养模式改革，建设成代表区域水平、开放共享、持续发展，具有时代特色的高水平会计学专业，为人才培养、培训及自主成长提供完善的整体解决方案，带动其他相关专业人才培养模式和教育教学改革，提升整体人才培养质量和社会服务能力。

（一）创新人才培养方案，推动教育改革落地，提高培养质量

1. 培养目标创新

秉承"全人教育"理念，以行业高端人才职业能力标准为框架，分智能会计、管理会计、IT 审计、财务大数据应用等方向进行人才培养设计；基于"价值塑造""能力培养""知识获取"三个层面，在夯实专业知识的基础上，引入综合素养及职业能力培养内容，把学生培养成为应用型、具有创新能力、拥有较高职业素养并具有职业情怀的实务精英；形成能结合各学校实际、特色和定位，具有可操作性具体指标和人才培养方案，满足教学质量国家标准的评估要求，并达到高水平专业的认证标准。

2. 课程体系创新

研究经济环境、法制建设、金融市场、信息技术等对会计工作的影响，构建与现代商业发展相适应的高端人才职业能力框架，根据职业能力需求搭建核心课程体系，并融入业务技能、实战能力和素质拓展等形成课程标准。

3. 教学理念创新

改变满堂灌的传统教学模式，以学生为中心，强化人才培养的职业性特点，在专业课程安排及职业素养方面，全面培养学生的综合能力。课程设计以实际应用需求为导向，重视实战能力，将业财融合情境下的管理思维培养与信息化处理能力贯穿始终，理论、练习、实训/案例和顶岗实习一体化推进，培

养应用型、具有创新能力和较高职业素养的实务精英。

4. 资源建设创新

以课程为中心，建设一套适应智能时代会计人才培养模式的优质教学资源库，满足线上线下混合教学模式的实施要求，并力求达到国家级精品开放课程的认定标准。教学资源库为实现"线上线下深度融合，推进会计教学环境互联网化、教学内容知识点化、教学形式多样化、教学管理信息化"而建设，覆盖会计学专业核心课程，包含专业、课程、素材三个层级，包括课程标准、教学设计、学习指南、视频课程（微课、动画演示）、动画演示、PPT 讲义、习题试题、典型案例、讨论话题、实验实训资料、案例库、辅助讲解及拓展阅读等多种形式的资源。

5. 教学模式创新

采用基于创新与重构的会计类专业人才培养方案、课程体系和教学资源，以课堂教学为抓手，从内涵到形式，从内容到手段，全面推进"以学生为中心"线上线下混合教学模式的落地实施。创新教学管理制度和考核模式，包括但不限于教学工作量认定标准、教学质量评价体系、教学档案管理规范、日常成绩及考试管理制度等。

（二）深度融合优质资源，提升教师教学水平

师资队伍是学校办学的主要条件，是教学的主导力量，也是保证人才培养质量的关键。校企共同进行师资团队建设，利用各自优势，打造强力师资，进行日常或集中的协作，深度融合，提高教学水平、保障教学质量。

（三）创新育人模式，提升学生综合素质

提升学生人文素养和精神面貌，是提高人才培养质量的重要手段。校企深度合作协同育人，共商共议协同育人方案，共同开发管理工具全程参与学生管理工作，组建学生自治管理团队，通过组织学生进行个人发展规划，开展晨训、经典导读、人际技能与领导力实训等特色文化育人方式，实现学生自我教育、自我管理、自我服务，构成全新校园文化育人环境。

第四节　业财税融合虚拟仿真实验教学

一、业财税融合的背景分析

（一）宏观政策分析

随着大数据时代的到来，海量的数据为支撑企业决策提供了有力的支持，但同时也对数据收集、分析提出了更高需求。企业管理者必须利用有效的工具来分析企业数据，提高决策能力来保障企业稳定运营。而全面预算管理就是一个可以确保企业年度经营目标的达成，加强内部控制，防范意外风险，优化资源配置的有效工具。同时，预算管理数据与企业业务数据关系紧密，是贯穿企业大数据、让企业大数据"活用"起来的经脉，因而全面预算管理是企业提升内控、增强企业综合竞争力的最好切入点。

财政部 2016 年 6 月发布的《管理会计基本指引》明确指出，单位应用管理会计应遵循战略导向、融合性、适应性、成本效益四项原则。其中，融合性原则是指"管理会计应嵌入单位相关领域、层次、环节，以业务流程为基础，利用管理会计工具方法，将财务和业务等有机融合"。在这里，融合性原则即是经常被业界、学界提到的业财融合原则，或被俗称"业财一体化"。

随着财政部全面推进管理会计体系建设，越来越多的企业重视管理会计在企业管理中的作用，管理会计的核心工作是预算管理，没有预算也就无法开展事前的预测、事中的控制和事后的考核分析，只有推进全面预算管理，才能真正使管理会计发挥在企业管理中的作用。全面预算管理无疑是管理会计在企业实施内部控制的关键点。全面预算管理是业财互动的重要环节，它实际上是对企业未来发展战略的一种管理手段，可以全面统筹规划企业的各项经济资源，为企业未来发展提供战略性指导作用。企业通过全面预算管理，可以实现经济资源的合理分配，使企业各层级员工工作目标高度一致，提高企业财务管理水平和工作效率，进而可以为企业创造更多的经济价值。

（二）社会需求分析

近年来，国内外经济形势发生深刻变化，新产业、新技术、新模式不断涌现。我国处于创新驱动发展的新阶段，经济发展的主要动力要从先前依靠资源、劳动力、资本等要素拉动，换到创新来驱动；智能制造装备、新一代信息技术、新能源产业、智能电网、云计算、移动互联网等在旧的产业链上实现更新，产业朝高端化、智能化、绿色化、服务化和品牌化发展。为全面贯彻全国教育大会及新时代全国高等学校本科教育工作会议精神，落实《国家中长期教育改革和发展规划纲要（2010~2020)》和新时代高教40条等文件，紧紧围绕全面提高人才培养能力这个核心点，加快高水平人才培养体系，推进一流专业建设，调整专业结构，将现代大数据、信息技术与教育教学深度融合，加强实践育人平台建设，提高教师教学能力，提升学生创新创业能力与综合素质，主动适应国家战略发展和形成中国特色、世界一流的高水平本科教育。

国家发展靠人才，民族振兴靠人才，人才是兴国之本、富民之基、发展之源。人工智能、生物技术、5G、量子通信等新技术逐渐崛起，以大数据、云计算、区块链等新一代信息技术为代表的新一轮科技革命正在全国乃至全球范围蓬勃发展，新业态、新模式、新产业不断涌现，同时，新技术的快速发展和广泛应用对传统产业形成了巨大冲击，如今正在引发新一轮的产业变革，对以往的市场领导者地位也将产生颠覆性影响，全球产业分工格局进入重塑调整期。新一代人工智能、高科技、5G等战略性产业技术的综合应用，为经济发展带来了新动能，同时也在召唤着新时期人才教育的转型。因此，财务人员应该在掌握财务目标的同时了解、掌握、监管企业各部门、各环节的运作状况，懂得大数据，拥抱大数据，打破数据孤岛，实现更有效的资源配置，建立业务与财务工作完美交融的管理模式，对各项业务活动进行事前预测、事中监督、事后考核，通过财务数据的变化为企业决策者提供有价值的信息。

　　我国正经历产业结构调整，加快经济发展方式转变时期，处于结构转型升级"阵痛期"的众多企业，面临前所未有的挑战！为使企业在多变、竞争的全球经济一体化环境下生存发展，企业管理者迫切需要科学有效的管理方法和工具，此时业财融合企业数字化管理平台应运而生、乘势而上。业财融合是提高企业经济效益的需要，财务管理与业务工作紧密联系，信息就能及时、准确地反映，企业资源能高效地配置与运用，充分发挥财务分析与控制职能，加强控制监督与防范风险，财务人员的工作重心从核算反映向决策支持转型，高校应用业财融合信息化管理工具帮助企业创造价值，培养更符合现代技术发展和新经济时代需求，既有扎实的会计理论与实务操作能力，又能应对智能时代大数据处理和会计智能决策等新型业务需求，具有突出的数据分析与决策能力和创新精神的高素质跨界复合型会计人才。

（三）行业发展趋势分析

　　财政部科学绘制我国会计行业人才发展的宏伟蓝图，《会计行业中长期人才发展规划》指出，我国会计人才发展的指导方针是：以用为本，强调会计人才要重视实践，并在实践中不断成长成才，企事业单位的会计人才在做好会计工作的同时，积极参与单位内部经营管理，在实践中不断拓展工作领域，提升高端管理才能；注册会计师通过提供鉴证和咨询服务，在实践中逐步提升职业判断能力和服务水平；会计管理者在做好管理工作的同时，要求站在经济社会发展全局的高度，在实践中积极探索会计改革的新技术和新模式，不断提升会计管理水平，证明会计实践在会计人才培养中的重要作用。从传统的核算型会计向智能化管理型会计转型升级，高校会计学专业教育和人才培养面临巨大挑战，为满足新时代经济发展需要，具有大数据系统思维和大数据分析体系设计能力，引入国内领先的信息系统技术，以企业级实施案例为基础，以业财融合推动企业精益财务管理转型完成教学，解决会计教学与现代大数据、信息技术、管理模式深度融合，具有重大意义。

　　在市场一片繁荣和竞争激烈的当前，企业的机遇和挑战并存，"业财融合"作为一种新的企业运营模式备受诸多企业重视与试用，这种新模式对企业提出了新要求：传统的财务会计亟须升级，辅助企业信息系统的建立，提升对预算管理的重视和应用，促成业务部门和财务部门的融合；市场的激烈竞争需要会计人员从自身出发，不断提高业务技能与专业素质，从财务会计向管理会计转化：除了最基本的核算监督职能，还要根据企业业务发展状况预测企业经济走势、充分参与到企业管理，到业务部门了解企业业务流程，了解业务部的工作内容，并通过实时、客观的业务信息编制科学合理的预算，并通过专业地分析企业经营中存在的问题，为企业提供投融资决策的依据，加强防控风险，引领企业价值创造。总之，通过对业财融合的案例探析，从中汲取管理经验，将成为未来会计人员的必修课。

二、业财税融合虚拟仿真实验教学必要性分析

教育部大力推动国家虚拟仿真实验教学项目建设，要求突出以学生为本的实验教学理念，准确适宜的实验教学内容，创新多样的教学方式方法，以稳定开放的运用模式，提升实验教学质量、提高学生素质。同时经济全球化势不可当，企业感受到了业务、财务、税务在架构、流程、制度等方面与世界接轨的重要性；并且，互联网、智能制造、数字化交易、共享经济为典型特征的新兴技术的发展，促进了财务共享、智能财务等全新财务模式的产生，也使得业财税流程和组织模式发生了重大变化。对于高校教学来说，紧跟时代潮流，立足社会需求，将财会课程进行更新改革，建立以产业分工、学科专业、人才能力融合的教学方向，打造集业务、财务、税务一体化内容的教学尤为关键。

为顺应新经济、新技术的发展，学校需要集业务、财务、税务一体化的教学实训，依托移动互联网、大数据、云计算、人工智能等新技术，基于对财税行业的深刻洞察与理解，打通业财税融合的教学实训通道，锻炼学生从业务的角度去重新认识财务、税务，以信息化的新视角实践企业财务管理、税务管理及会计核算，深刻体会业务、财务、税务融合的知识内容，为学校的阶梯式人才培养路线夯实理论与实操能力。

三、业财融合虚拟仿真实验目的

对于财会管理类岗位模块相关课程，传统的课堂教学往往以讲授为主，模拟实训也仅仅是对学生给定案例的相关数据资料来进行实训，缺乏生动性；同时，大规模组织学生到企业实习又很难实现，即使到企业实习也仅仅可以接触管理会计的"皮毛"。这就导致学生缺乏对财会管理类岗位的直观、立体和全方位的分析，致使岗位实践教学流于形式。在此背景下，通过开展虚拟仿真实验教学可以很好地解决这些问题。

业财税融合虚拟仿真实验教学依托移动互联网、大数据、云计算、人工智能等新技术，基于对财税行业的深刻洞察与理解，模拟制造业的产供销研等具体的业务流程，打通业财税一体化的教学实训通道，锻炼学生从业务的角度去重新认识财务与税务，以信息化的新视角实践企业财务管理、税务管理及会计核算，深刻体会业务、财务、税务一体化的知识内容，培养数据经济时代财务人员必备的战略规划、风险管控、内控设计、企业运营、数据的处理应用分析及税务管理等能力。提高学生团队协作能力和社会竞争能力，让其成为一个专业强、业务精、操作熟练的复合型人才。

四、业财融合虚拟仿真实验原理

通过业务管理模块、智能财务模块、税务管理模块三大系统模块，深度融合企业的业务、财务及税务，让学生体验从企业创立、内控、投融资、经营到智能财务、税务管理的全方位实训。

（一）业务管理模块

业务管理模块让学生充分体验业务流、数据流、票据流、资金流相融合的管理模式，在企业经营中把控风险。业务管理模块包含企业创立、战略制定、内控设计、经营计划、企业经营五大模块。集游戏交互、人机交互、多种可视化教学资源为一体，利用碎片化学习，构建知识体系，通过数据分析、案例解读，帮助学生提升职业技能。经营活动业财融合是让学生深入分析与挖掘企业业务活动过程中产生的各类业务与财务数据的内在价值，为企业的财务管理、风险管控和经营管理工作提供决策支持，使学生深度体验业务标准化、标准流程化、流程表单化、表单系统化，系统数字化的业财融合闭环信息系统。

企业经营模块通过生产业务、采购业务、销售业务、资产购置业务、人力资源业务、筹资业务等一体化流程梳理与再造，沉淀企业业务数据与财务数据，形成业务中台与数据中台。

（二）智能财务模块

智能财务模块依托大数据、数字化、可视化 BI 技术，将企业业务循环中不断产生的数据进行采集、加工、整理、汇总，转化为财务信息，支持企业的管理循环，实现业务和财务的深度融合，从而形成企业财务报告和管理报告体系，方便进行企业财务分析与经营分析。智能财务模块包含报账系统、成本管理、期末处理、账务处理、账表系统，同时链接网银系统、数据共享模块。如图 11-5 所示。

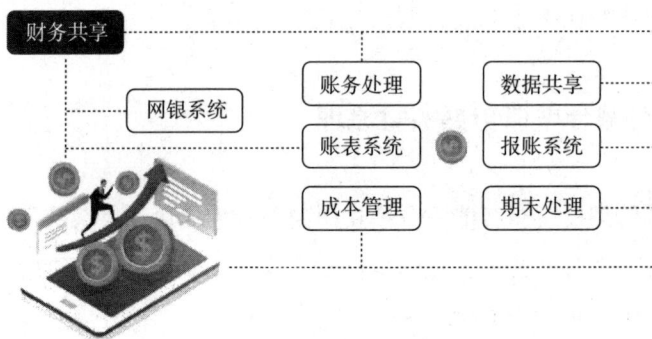

图 11-5　智能财务模块结构

图 11-5 所示的智能财务模块结构具体内容包含：报账系统根据经营产生的业务单据和财务单据按业务进行分类，学生依据业务自行判断勾选做账需要的财务单据，考核学生的职业能力，系统根据学生选择的单据出具记账凭证。成

本管理系统提供企业成本计算需要的各种业务计算表单，要求学生进行计算填写，掌握成本核算技能，系统根据学生填写的成本计算表自动出具成本记账凭证。期末处理系统提供企业每期期末需要的增值税结转、所得税计提、年末结转等期末业务，要求学生进行计算填写业务表单，系统根据表单自动出具结转凭证。账务处理系统，进行会计电算化操作，要求学生掌握凭证审核、凭证过账、结转损益等账务处理流程。账表系统根据前期所有流程自动出具资产负债表、利润表、现金流量表，以及总账、三栏式明细账、多栏式明细账、数量金额账、科目余额表等账表，了解学生的经营成果与财务状况。网银系统模仿真实的银行网银，呈现企业的日常资金流动状况。数据共享分业务类型进行存储企业所有的业务单据、财务单据以及各类企业合同，随时进行单据和合同查询。

（三）税务管理模块

采用真实网上电子税务局模式，进行发票管理、开票、认证、抄报税等业务处理。让学生熟练掌握企业涉税技能，把企业报税案例和真实的报税系统融为一体的实训，使学生迅速掌握企业报税具体操作流程及紧急业务的税收本质，全面熟悉国家税收政策，培养学生办税技能，实现学生和企业办税岗位的无缝对接。

发票索取模拟向供应商、服务商等企业索取发票，学生在业务流程中一键索票；开票系统模拟了税务局的申领发票的全流程，让学生掌握发票申领的业务实操技能；发票认证系统仿真模拟税务局发票认证的全流程；网上申报系统模拟增值税及城建教育费附加月度申报、企业所得税季度申报，以及税款缴纳及查询功能。

五、业财融合虚拟仿真实验教学方法

（一）业财融合虚拟仿真实验教学方法及其使用目的

1. 讲授法

通过第一次课程讲授，挑选业务管理当中比较有特色的业务流程，通过岗位角色扮演，完成任务，让学生了解业财融合虚拟仿真实验的教学目的，企业行业特点、岗位设置情况，业务特点、重点难点、各个中心应用软件的功能作用和操作。这有助于激发学生积极性，使其对该实验项目充分了解，熟知岗位职责，了解课程要求，增强学习主动性，提高学习针对性。

2. 情境式教学法

通过角色模拟、环境模拟、过程模拟及业务模拟，进行岗位职业技能强化训练，达到能在实训中让学生接触到业务、财务、税务等多项企业核心业务内容、了解企业业务流程和岗位角色、学会与其他单位人员打交道、学会慢慢适应社会环境等目的，从而增强会计学专业学生的就业竞争力。

3. 启发式教学法

用学生亲身的经历来理解和掌握知识，通过语言交流讨论、生生互动、师生互动，在交互中学习，有助于学生在行动中学习通过"获取—反思—内化—实践"实现能力的内化与运用，有助于调动学生的学习潜能与培养学生的方法能力，有助于学生自我构建职业行动能力。

4. 比赛模式教学

组织本班或本年段的学生进行个人比赛或者团队比赛。团队比赛是在多人多岗的模式下，各小组以团队形式，协作完成案例企业的实训任务，提升学生的竞争意识，团结协作、共同进步。

（二）业财融合虚拟仿真实验教学方法实施过程

教师事前充分准备，建立网络，分发个人登录账号，将学生分小组，提供实验要求和材料，确保每个学生都能有序进行角色模拟，保证实验效果；学生实验开始前，对业财融合虚拟仿真实验的目的、要求，每个虚拟岗位大体的操作流程等，通过讲授或谈话作充分的说明，或进行必要的示范演示，从而增强学生实验的自觉性，尽可能让学生对每一个角色都进行实训练习，让学生亲自体验岗位的工作内容以及业财税模式下的整个流程；虚拟仿真实验进行过程中，教师巡视指导，对一些基础薄弱的学生进行必要的知识点补充，做到因材施教，针对性教学；整个经营实训结束后，由学生撰写实验报告，并上台说明汇报，教师进行点评总结。

（三）业财融合虚拟仿真实验教学方法实施效果预期

通过上述方式，学生全面模拟企业总经理、财务总监、市场总监、运营总监和物流总监的"岗位"工作，从而帮助学生建立起对企业管理的整体认识，感悟复杂市场环境下财务管理、税务等业务，自主验证所学战略规划、风险管控、内控设计、企业运营、数据的处理应用分析及税务管理等能力，同时有利于学生在角色模拟过程中养成良好的职业习惯和团队合作意识。这种模式可以从根本上改变以往脱离实际职业环境的、单一的教育模式，提高教学的实践性、生动性，改变学生对信息化下的业财税共享模式"只见树木不见森林"的弊端，大大促进应用型人才的培养质量。

六、业财融合虚拟仿真实验步骤

（一）实验方法描述

在整个业财融合虚拟仿真实验操作过程中，学生分别以5人一组的方式组成若干个模拟公司，由学生分别担任模拟公司中的总经理、财务总监、市场总监、运营总监、物流总监等职务，模拟公司要连续从事5个月的经营活动，模拟公司每个月的经营成果与财务状况，形象直观地展示在系统中。通过业财融合虚拟仿真实验演练，学生能够体验自身职业角色的内涵，又模拟公司各种角色的相互配合的工作机制；教师的角色不再是理论的传播者、讲授者或组织良好的知识体系的呈现者，教师的职能从"教"转变为"导"，变成了教学活动中"次要角色"，教师在不同时段分别扮演教学的组织者、评价者、管理咨询顾问等角色。正是通过各种角色的互动，学生可以自主验证所学战略规划、风险管控、内控设计、企业运营、数据的处理应用分析及税务管理等能力，同时有利于学生在角色模拟过程中养成良好的职业习惯和团队合作意识。

（二）学生操作步骤

学生操作可分为 10 个步骤：

（1）学生根据个人账号和密码进行登录。

（2）在教师引导下，学生进行小组分配、选择扮演的角色形象，组建团队。

（3）开展企业创立实验，学生进入平台，选择业务管理模块，开始企业创立。包含 17 个任务，通过市场调研、设定章程和组织架构、工商登记、选择财务政策等多个准备工作，学生进入创业阶段，体验真实的企业创立流程并了解所需的资料。

（4）开展战略制定实验，学生选择战略制定模块，完成愿景、总体战略、战略风景和战略地图等任务。让学生了解企业战略目标、使命、愿景的内涵，学习企业战略的制定方法和步骤，理解战略实施和战略落实全过程，并学会利用相关管理会计工具。

（5）开展内控设计实验，学生进入内控设计模块，完成八个任务。包含分析业务漏洞、控制关键点、设计部门、设计业务流程、制定详细条款、设计不相容岗位、发布流程制度等。通过企业运作中的典型实例帮助学生明确主要业务活动中的风险、关键控制点，掌握企业业务流程的设计、不相容岗位的辨析及各部门的制度设计。

（6）开展经营计划制订实验，学生进入经营计划模块，完成查看行业信息，制订年度销售计划、年度生产计划、生产线采购计划、产品 BOM 表、材料采购计划，查看人力资源情况，提请用人需求和招聘计划等内容。学生可以根据市场需求和企业内外环境和条件变化并结合长远和当前的发展需要，合理地利用人力、物力和财力资源，组织筹谋企业全部经营活动。

（7）开展企业生产经营实验。学生进入筹建期、经营期（第一年）、经营期（第二年），通过生产业务、采购业务、销售业务、资产购置业务、人力招聘业务、人力解聘业务、筹资业务七大业务，模拟企业生产运营的全过程。

（8）开展财务共享实验，学生进入智能财务模块，完成报账系统、成本管理、期末处理、账务处理、账表系统等内容。通过将企业业务循环中不断产生的数据进行采集、加工和报告，转化为财务信息，支持企业的管理循环，实现业务和财务的深度融合。

（9）开展税务管理实验，学生进入税务管理模块，模拟发票管理、开票、认证、抄报税等业务处理。

（10）学生分析企业经营成果，团队经营成果展示，教师评价打分，完成实训。

七、教学方式方法及对传统教学的延伸与拓展

（一）教学方式方法

在传统讲授法基础上，以互动教学为基础，采取小组讨论，学生为主体，教师作为课堂的提问者和答疑者，组织学生自主式学习，培养学生的创新思维。采取以学生"做中学"为主，教师过程监控、重点评析为辅的翻转课堂教学方法，线上平台分期经营虚拟企业，分组对抗，目的在于营造仿真的市场经营环境，引导学生综合运用所学的经营管理知识，处理充满风险的商业竞争业务，建立战略规划及业财融合的系统思维。

（二）传统教学的延伸与拓展

1. 毕业实习的有效替代方式

学生在运营操作中能充分体验到企业建立环境和业财税一体化流程，并结合财务知识对业务进行职业判断，在真正踏入社会之前，通过模拟实践以及对各学科的综合练习，提高学生的职业素养，培养企业真正需要的复合型会计人才。

2. 多维分析能力培养

业财融合虚拟仿真实验整合了经营数据、财务数据、商业数据，从每个决策者的角度展示管理驾驶舱，并要求学生能根据驾驶舱的数据信息，进行经营

决策分析、财务报表分析、风险管控分析，锻炼学生数据分析能力。同时，记录学生的学习轨迹，让教师通过学习进度的记录掌握学生对知识点的应用和掌握能力，完成学生学习的能力画像。在经营数据模块中，平台可以将不同业务的数据源进行统一存储，学生的经营结果就隐藏在这些数据背后，但仅仅知道数据是不够的，学生还要学会如何从数据背后挖掘出有价值的信息，进行财务分析和商业分析，为管理决策者提供决策支持。

(三) 风险管控能力

在业财融合虚拟仿真实验的企业经营过程中，立体式风险管控贯穿了内控的全过程，通过剖析经典案例，让学生体验了全维度的风险管理和制度设计，打造了事前预防、事中控制、事后复盘的风险体系。学生制定公司制度，在经营决策中按照制度办事，并进行审批流程。每一个流程节点都有相应的制度和审批流程进行控制和监督。

第五节 现代信息技术下的课程资源建设

一、现代信息技术下课程资源建设的背景分析

在云计算、大数据、移动计算等新技术不断涌现，社会整体信息化程度不断提高，"互联网"行动计划、促进大数据发展行动纲要等有关政策密集出台的大背景下，信息技术和教育教学改革正在进行着深度融合。为此进一步深入推进教育综合改革、在更高层次上促进教育公平、全面提升教育质量、基本实现教育现代化等重要任务对教育信息化提出了更高要求。

信息技术下的课程资源建设旨在以课堂教学为抓手，通过信息化手段，拓展教学时空，引领教学内容、方法和教学管理模式改革，帮助教学走出"教

师不会教、学生不想学、企业不愿要"的人才培养困境，是顺应"互联网+"发展趋势，推动信息技术在高等教育专业教学改革与教学实施领域综合应用的重要手段。

二、现代信息技术下课程资源建设原则

定位于"能学、辅教"支持学生自主学习和测评，支持教师根据需要搭建课程、组织教学、进行教学管理，支持教学管理部门进行教学监督和管理。

（一）坚持精品建设，着力融合创新

建设坚持精品原则，着力融合创新。充分发挥我国高等教育教学传统优势，借助当前在线教育教学经验，利用现代互联网、云平台、移动计算技术，构建充分体现现代教育思想，符合科学性、先进性和教育教学的普遍规律，并能运用现代教学技术、方法和手段的教育教学与服务平台；集聚优质教育教学及师资资源，建设科学完善、反映经济社会发展特征、技术进步程度的学科体系，建设以社会需求为导向、适应"分层教学、分流培养、分类成才"的精细化应用型人才培养模式的课程体系，并完成教学过程的组织和教学资源的建设工作。

（二）利用技术驱动，打造智慧教育

充分利用技术驱动，打造智能学习和数据分析系统，着力智慧教育，充分发挥技术发展在教育改革与发展中的支撑与引领作用，推动教育理念和教育模式创新。融合现代信息技术与教育思想，与企业合作建设集在线课程、知识题库、备课与学生管理于一体的平台，提供备课、课堂互动教学、作业、答疑、自动考勤、学生学习数据查询与督促等子系统，在提供系统功能的基础上，根据使用者的行为，自动记录包括学生学习、老师工作、管理者管理在内的各类数据，利用大数据分析手段形成各类分析报告或刻画学生"能力肖像"，并通过人机交互，为使用者提供个性化建议或推送针对性内容。

（三）线上线下结合，助力教学改革

坚持应用驱动、建以致用，通过线上线下结合教学及学习方式，承担教学模式和教学理念变革的引导和支持任务，推动教育教学改革和教育制度创新。通过信息技术应用于教育、教学过程，实现教育系统的结构性变革，老师由课堂教学的主宰和知识的灌输者，转变为课堂教学的组织者、指导者，学生建构意义的帮助者、促进者，学生良好情操的培育者；学生由知识灌输的对象和外部刺激的被动接受者，转变为信息加工的主体、知识意义的主动建构者，以及情感体验与培育的主体；教学内容由仅依赖教材，转变为以教材为主、丰富的信息化教学资源为辅的融合搭配；教学媒体由只是辅助老师突破重点、难点的形象化教学工具，转变为既是辅助教的工具，又是促进学生自主学习的认知工具、协作交流工具与情感体验与内化的工具。

三、现代信息技术下的教育理念

（一）主体性理念

主体性理念要求教育过程要从传统的以教师为中心，转变成以学生为中心、以活动为中心、以实践为中心，倡导自主教育、培养学生的学习兴趣和习惯，使学生积极主动地学习和发展。强调给老师更多的资源和方法，让老师能够节省下搜索、加工、整合的时间，把精力投入到完成专业内容的钻研和教学模式调整上来。教学过程中，尊重时代和技术给教育及学生带来的改变，引导他们利用手机、电脑等进行签到、分析讨论、随堂测试等多种形式的课堂互动。教师是教学资源的提供者、组织者、引导者，学生是知识的主动探寻者、参与者、协作者，教学模式转变为平行对等的互动。

（二）个性化理念

现代教育强调尊重个性，鼓励个性发展，主张针对不同的个性特点采用不同的教育方法与评估标准为每一个学生个性的充分发展创造有利条件。大数据技术使个性化教育进一步成为现实，"有教无类""因材施教"的教育思想有望真正引入实践。现代信息技术下的教育要借助大数据技术，通过跟踪、记录、积累学生学习教育全过程的个性化数据，并做出实时分析和反馈，精准识别学生的需求、能力特征和学习状态，进而改进教学内容、方法和进度，为学生提供更加个性化、更加有效的教育方式。

(三) 开放性理念

数字技术和网络技术让信息传递和知识分享的成本在大大地降低，边际成本趋近于零，在教育领域也催生了共享经济的模式。人们可以摆脱时空的限制，自主安排，也可以更方便地寻找最符合自己需求的学习内容、时间、地点和方式。开放性理念包括教育观念、教育方式、教育过程、教育目标、教育资源、教育内容、教育评价等的开放性。开放性理念要求教师和学生都是开放的心态，能积极接受新事物、新知识；不拘泥于教材和教师的视野，使得任何人在任何时间、任何地点都可以学习任何内容；未来教育也不再是一对多的单向知识传递，学习者之间的分享、讨论和启发将发挥更大作用。平台建设注重提供一个无限扩展的空间，让老师和学生都能发挥想象，DIY 各种教学和学习方式。

四、现代信息技术下的课程资源建设方案

成套规范的课程资源是现代信息技术下课程建设的重点。课程资源内容上具有前瞻性，考虑经济环境、法制建设、金融市场、信息技术等对会计工作的影响，力保课程内容体现最新实务应用、当前及未来岗位能力要求；知识点体系依据企业的经济活动（业务流程或发生事件）进行构建，而不是概念、特征、目标等对教材内容的机械拆解；形式上力求建设授课老师拿来就能用的资源，至少包括知识树、视频课程、题库、案例、讨论及思考题、线下活动设计、实训（实验）设计及其他拓展阅读资源等方面；教学逻辑上遵循认知规

律，倡导从感性到理性、从具体到抽象、从个别到一般的教学理念。具体如图11-6所示。

图 11-6 成套规范的课程资源结构框架

如图 11-6 所示的成套规范的课程资源结构框架，课程资源的具体内容如下：

（一）课程简介

内容包括课程宣传片，解读课程的背景、框架、内容、特点，旨在让老师了解课程内容、特色，让学生了解本课程的内容框架、学习形式与方法，激发学生学习兴趣。

（二）知识点树

课程结构化的知识体系展示方式，展现了本课程的所有知识内容。知识点划分依据企业的经济活动进行重构（业务流程或发生事件），不能是概念、特征、目标等对教材内容的机械拆解。

（三）视频课程

系统全面，通俗易懂，是对课程理论知识并结合典型例题的讲解，观点明确、有理有据、逻辑严密。可作为学生预习或复习的内容。

（四）题库

按知识点设计，分难、易两个维度，有完整的答案、解析，满足课堂评测、课后作业、阶段测试以及考试等不同的需求。随堂测试是学生听完视频课程直接做的题目，为单、多、判等客观题型。用于检查学生是否听过视频课、评估学生对本知识点的理解程度，并作为评定平时成绩的依据。课后作业是课堂学习结束后做的题目，除单、多、判等客观题型外，按科目特点，设置有综合题。用于检验学生知识掌握程度、帮助学生巩固所学知识。考试题即学校期末考试用题目。

（五）案例库

满足课前案例导入讲解、知识应用（应用场景分为课堂讨论、课后分析等）的需求而建设，具有真实性、话题性、前沿性、本土化等特点。

（六）讨论及思考题

按使用场景可以分为课前预习用的思考题和课中讨论问题，前者与视频课程相关，目的是让学生带着问题去预习，后者目的是拓展学生思维，引导学生充分理解、灵活应用所学知识。

（七）课堂活动设计

教学活动的组织方案，以能力培养为目标设计，供线下教师安排教学活动使用。

（八）单项及综合实训（实验）设计

反映实务领域最新操作方法的训练内容，供线下老师安排实训教学使用，以明确培养学生的沟通能力、会计核算能力、财务管理能力、职业判断能力等专项能力为目的。

（九）拓展资源

拓展资源供学生拓展视野使用，包括工具类资源和具体资源，其中具体资源包括：实务拓展类，即与本知识点相关的，体现实务领域应用现状及发展前沿的操作方法、技术手段等，以便学生了解实际操作方法、与实践工作无缝对接；理论前沿类，即本知识点理论研究前沿的观点、思想，用于开拓学生知识面，为其进一步深造做好准备；背景知识类，即与本知识点相关的知识背景资料、国内外差异等，帮助学生理解知识原理或文化；政策法规类，即与本知识点相关的法律法规、政策文件、国内外差异等；职业发展类，即与本知识点相关的职业道德、发展规划、人文素养等非专业性内容。

应用型人才培养是近几年来国家人才培养战略调整的重要举措，是地方本科高校服务区域经济社会发展的有效手段和途径。应用型应该是面向经济社会领域中的职业群和行业而不是具体的某岗位，因此，在其知识、能力和素质要求上，不应过于强调技术的熟练程度以及岗位对应性的操作能力，因为岗位是可变的、技术是进步的，而要强调既具有宽厚的知识基础、应用性专业知识和技能，又具有转化和应用理论知识的实践能力，以及一定的创新能力，如对应用知识进行技术创新和技术的二次开发能力等。2018年新时代全国高等学校本科教育工作会议提出，坚持以本为本，推进四个回归，加快建设高水平本科教育，建设中国特色、世界水平的一流本科教育。为切实加强本科教育，一系列教育理念和要求，如OBE教育理念、六卓越一拔尖、双一流建设、双万计划、四新建设、校企协同等的出台，诠释了高教改革发展的新遵循，升华了内涵式发展的新认识，提出了本科教育的新理念，明确了一流本科建设的新路径，中国本科教育进入了新时代。在新时代中国本科教育背景下，如何培养适应社会发展和需求的应用型经管人才，给地方高校提出了新的挑战。我们只有不断适应时代发展，争做时代追梦人，全面提高应用型人才培养能力，方能造就堪当民族复兴大任的时代新人。